U0025984

照顧父母這樣做才安心

完善的熟齡照護，給父母幸福到老！

目錄

照顧父母，這樣做才安心

完善的熟齡照護，給父母幸福到老！

PART1 健康照顧

這些疾病常給長輩帶來不便，照顧時你一定要先了解

PART2 從心關懷

父母的心事，你知多少？

PART3 用愛縫補

如果有一天父母失智，遺忘了我們……

PART4 生活照顧

讓父母活得更自在，掌握關鍵方向

發行暨推薦序

知老懂老，實踐樂齡生活！

文／謝孟雄（董氏基金會董事長、實踐大學董事長）

根據內政部統計，至2013年7月底為止，臺灣65歲以上的老年人口有264萬4,876人，占全國總人口數的11.32%，即每100人當中，有11位65歲以上的老年長者。邁入高齡化社會的臺灣，如何協助這些已進入老年的長者適應老年生活，甚至提醒未來將步入老年的青壯年做好規畫，都是當前社會教育必須因應的課題。

大家健康雜誌出版《照顧父母，這樣做才安心》，極適合目前的社會環境，除了教導讀者，如何貼心照護家中的長輩，也教導讀者，不用「怕老」，為「老後」做好準備，快樂迎接熟齡生活。內容相當實用，符合每一位人子的需要。

學醫的背景，讓我更明瞭人無法迴避老化的現象，卻可以「活躍老化」，多年來，我也一直倡議「三養生活」，成為老年生活的重心，三養即「營養」、「保養」、「修養」。

在營養上，懂得飲食的適量；保養上，維持適時的運動；修養上，善心善行的自修。做到「三養」，即可達到「老有所養」、「老有所學」、「老有所尊」、「老有所樂」的體現。

我常鼓勵人要「活到老，學到老」，必須有「終身學習」的觀念。近年臺灣不少大學有開設「樂齡大學」，課程包括老年生活、食、衣、住、育、樂、醫療保健、照顧服務、長期照護等，可以讓參與的學員及長者，獲得面臨老年生活問題的相關專業知識，也是一個適合民眾進修學習的管道。

《照顧父母，這樣做才安心》書中最後一個篇章，也提及「樂齡生活」的方法給讀者參考。人總會有老的一天，但是知老懂老，就能實踐樂齡生活。

出版序

照顧父母做對了，孝親才不留遺憾！

文／姚思遠（董氏基金會執行長）

2001年，大家健康雜誌開始規畫書籍出版，10多年來，出版了不少與醫療保健、心理勵志、公共衛生等類別的好書。其中《男人的定時炸彈─前列腺》、《當更年期遇上青春期》兩書，更獲得2007年及2009年國民健康局（現改制為國民健康署）「好書推介獎」的肯定。

近兩年來，我們在書籍出版上，得到基金會多位董事、先進的幫忙與協助，出版的品質與內容，更符合讀者期待。其中《隨心所欲：享受精彩人生》、《生命的奇幻旅程：啟迪心靈成長的6個故事》兩書，得到不少學校師長的好評，也獲得實體書店、網路書店的選書推薦。未來，我們會更用心出版好書，讓讀者獲得實用的知識，豐富自己的身心靈。

此次，我們出版《照顧父母，這樣做才安心》，正是一本貼近當前社會每個家庭、長者及為人子女的需要，教導讀者如何正確照護家中父母、長輩的實用書籍。二次大戰後出生的嬰兒潮世代，這兩年開始陸續邁入65歲的老年門檻，據統計，目前臺灣65歲以上的老年人口，已占總人口的11.32%，行政院經建會估計2018年，老年人口比率將達到14.36%，正式邁入國際慣稱的「高齡社會」，2025年後，老年人口將超過20%以上，變成「超高齡社會」。面對高齡海嘯的襲來，本書也提醒青壯年的讀者，做好完善的準備。

父母有一天終會老邁生病，需要孩子的照顧。《照顧父母，這樣做才安心》這本書是為人子女可以參考照護的依據，期望讀者閱讀後能夠明瞭長輩受病痛的苦與不便，懂得與父母溝通，做對貼心的健康照護，孝親不留遺憾！

推薦序

守住承諾，換我來照顧您

文／黃勝雄（門諾醫院暨相關事業機構總執行長）

1992年，在美國的電視媒體有一陣騷動和辯論，是一位62歲的著名大學校長辭職，只因為要守住承諾去照顧逐漸失智的夫人。校方為學校的發展勸他不必辭，並願意指派人來協助照顧她，然而校長說結婚近40年，都是她全心照顧我和我們的家，在婚約上我也曾承諾要終身照顧她，我就應該守住承諾，在她的餘年來照顧她。這件事引起了許多人從正、反雙方角度在電視及報刊上熱烈地討論了一陣子。

2010年，另外一位守信的老師，犧牲了自己美好的前途與好的居住環境，為了陪太太去照顧逐漸失智的岳母，而搬到岳母住的小鎮，好方便就近照顧她。當他需要為這個老人（岳母）換衣服、洗澡或餵食時，他真不知道如何來控制自己的怒氣和不願，「尤其是她從來也不曾為我做過任何的事！」經過了一番掙扎和學習，他順服了、想通了而寫了一本書「Loving your parents when they can no longer love you！」中文譯成「換我照顧您」，由宇宙光全人關懷機構出版，是給一般人最好的入門參考書。

臺灣的社會快速老化，比歐美、日本都快，但我們的老人社會福利和立法卻永遠趕不上長期照顧年長者的需求。長照法還在立法院討論的階段，更談不上長照保險法的設置。因此我們的年長者，一旦跌倒失能或是逐漸失智，照顧的責任會完全依賴子女來負責，沒有子女的，只好自求多福！

還好目前在臺灣負責照顧老年人的中年人都經過五倫的教育，也記得小時候曾對替我們洗澡的父母親承諾說：「你們老了的時候，我會孝順你、照顧你！」但是接下去的下一代，是新新人類或是草莓族，就沒有這個反哺報恩或孝敬父母的倫理觀念了，到那時，解決的方法就要依賴像日本或北歐的老人長期照顧社福機構的設置了！

《照顧父母，這樣做才安心》這本書，經由大家健康雜誌社——這個很普遍的健康資訊媒介的傳播來出版，一定會使更多的人來關心這個議題。我相信這本書的出版，更能提供臺灣社會許多有心人來認識我們人口老化的危機！

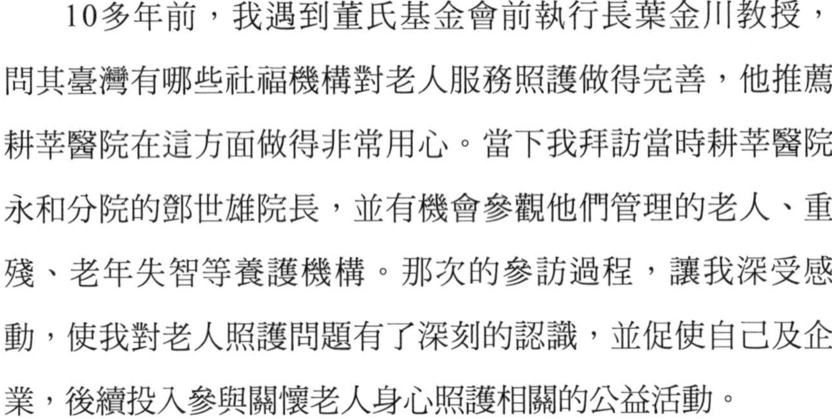

推薦序

高齡社會，需要「老吾老以及人之老」的精神！

文／朱英龍（董氏基金會心理健康促進諮詢委員）

10多年前，我遇到董氏基金會前執行長葉金川教授，問其臺灣有哪些社福機構對老人服務照護做得完善，他推薦耕莘醫院在這方面做得非常用心。當下我拜訪當時耕莘醫院永和分院的鄧世雄院長，並有機會參觀他們管理的老人、重殘、老年失智等養護機構。那次的參訪過程，讓我深受感動，使我對老人照護問題有了深刻的認識，並促使自己及企業，後續投入參與關懷老人身心照護相關的公益活動。

臺灣已步入高齡社會，老人的照護問題也成了每個家庭都將面臨，或已經需要正視面對的問題。大家健康雜誌出版《照顧父母，這樣做才安心》這本新書，除了提到對老人家健康照護及生活協助該注意的地方。其中第三章「用愛縫補」談到「老年失智」，這是一個最令家屬負擔沉重的議題。近年來，我曾參與失智老人基金會在社區宣導，居家服務，日間及全日照顧等服務工作，與社會大眾共同分享失智長者照顧的技巧與經驗，深刻感受到家屬對這方面知識的需求。還有第五章「看護照護」這篇提到一個值得思考的問題，同時也是許多為人子女經常猶豫的問題，那就是「長輩久病臥床，該不該請看護？」目前臺灣對老年人的照護有一個新的趨勢，就是居家式照護的老人住宅，及在家養老照護的觀念，如果善用得宜，其實面對這樣的問題，尋求看護照護及居家照護是一個可以考慮的選擇。

如果照顧者長期面臨身心壓力，也要懂得適時喘氣紓壓，否則照顧者在身心俱疲下，被照護的長者，也無法得到妥善的安養。不過，如果有請看護協助，也不能把照顧父母長輩的責任完全推給看護，做子女應該要有「心」，懂得關懷父母的生活起居與不便，這才是「孝」！

在此，除了推薦《照顧父母，這樣做才安心》這本好書外，期望臺灣能夠建置更多完善的老年人照護環境，每個人更能體現「老吾老以及人之老」的關懷精神，讓「老者安之」，無慮的安享晚年生活。

推薦序

愛要及時
珍惜與父母、長輩在一起的時光！

文／A-Lin（知名歌手）

還記得小時候外公過世前，我到病床前看他，我搖搖他的手說：「外公我回來了，你還記得我嗎？」外公病懨懨的臉，對我說：「你是誰？」然後就像陌生人般轉過頭背著我，那時候我心裡好難過。

我想說話給外公聽，可是變得有點自言自語。我輕聲對他說，「是你教我唱歌，教我唱歌是一件很快樂的事，可是，你卻記不得了……。」當下我一直想：我還能為外公做什麼？於是我呢喃唱起歌，唱著外公教我的山地歌謠，唱了一小段，沒想到，外公緩緩轉過頭來，抓著我的手說：「妳是我的小孫女啊，我知道是妳啊，謝謝妳，妳的歌聲喚起我的記憶」。我淚水不停地望著外公，外公反而為我鼓舞：「我知道妳很愛唱歌，我相信以後也會有很多人在台下聽妳唱歌，妳要堅持自己的夢想，要加油，我會在那個地方保佑妳的。」

長大後，我參加歌唱比賽並沒有得名，也曾在酒吧駐唱，被客人趕下台，多次不順遂的發展，爸爸並不支持我繼續走唱歌這條路，只希望我找份安穩的工作就好。但是，為什麼我還會繼續堅持要唱下去，就是當時外公那席話對我的影響。

想起外公那時生了重病，加上被失智症折磨，所以快把我遺忘了，真的很難過。可是，面對摯愛的人生病老去，心裡有多少不捨，又能怎麼樣呢？

童年歷經那次與外公的離別，後來無論是親人或朋友，有什麼話想對我說，我都會靜靜在旁邊聽，希望能給對方最好的幫助。《照顧父母，這樣做才安心》這本書，讓我知道面對家人老去，不再只是無能為力，讓我就算工作繁忙，透過此書也能更了解長者未來可能遇到的問題，不止是生理，還有心理的疾病、飲食該如何吃對身體比較沒有負擔等。更重要的是提醒我們為人子女，別忘了照顧父母，陪他們幸福到老，珍惜與父母、長輩在一起的時光！

真的愛要及時，祝福每一位讀者，孝親不會有遺憾！

前言

體貼父母，全方位「懂老」

時光飛逝，從小呵護我們的爸媽逐漸衰老，原本健壯的身體也開始出現大大小小的病痛，做子女的我們，該如何察覺老人家的需求與不適，即時給予關懷與協助，讓辛苦大半輩子的他們擁有舒適快樂的退休生活？

隨著生活及醫療品質不斷提升，國人平均壽命逐漸延長，根據內政部統計，至2013年7月底為止，臺灣65歲以上的老年人口有264萬4,876人，占全國總人口數的11.32%，而衛生福利部國民健康署所公布的最新老化地圖顯示，高達16個縣市的老年人口比率超過此平均數，大多是農業縣市，老年人口比率最高的是嘉義縣，占15.69%，雲林縣居次為15.09%、第三高的澎湖縣也有14.39%。

「老化的速度只會愈來愈快！」衛生福利部官員指出，二次世界大戰後出生的嬰兒潮，從今年起大量邁入65歲，但國人生育率卻急速降低，年輕人口增加的速度遠不及老年人口，因此行政院經濟建設委員會曾推估，按照臺灣老化的速度，到了2025年，每5人中就有1人是老年人。

未罹患疾病
身體機能衰退也會顯得衰弱

「老」與「病」常並稱，老年人的醫療費用也相當可觀，從健保署2010年的醫療支出費用來看，平均每100元的門住診醫療費用，就有34元用於65歲以上老年人。

有些疾病的風險的確與年齡相關，因此活的愈久、「中獎」機率愈高，比如70歲以上老年人，七成以上都有高血壓；失智症的社區盛行率，60至65歲約1%、80歲以上升高到8%、90歲以上高達30%。

臺北榮民總醫院高齡醫學科主任彭莉甯表示，器官與功能本來就會因年老而退化，臨床上有不少老年人罹患多重慢性病，但也有人其實是老化造成身體機能衰退而顯得衰弱，未必是罹患疾病。研究顯示，60歲之後，每年會減少1%的肌肉，換算起來，40到70歲之間整體的肌肉量喪失高達40%，

如果原本就沒有運動習慣或因罹患疾病影響活動力，肌肉流失會更快，因而顯得老態龍鍾。

熟齡男女
提防的疾病各不同

流行病學的調查顯示，老年男、女的疾病風險不盡相同，比如年長女性罹患骨質疏鬆、失智症、老年憂鬱症的比例明顯高於男性；年長男性罹患心臟病、中風或冠狀動脈性疾病的風險較高。

彭莉甯醫師指出，女性停經後缺少女性荷爾蒙保護，骨質流失的速度會突然加速，大幅增加骨質疏鬆的發生率；至於老年女性失智症比率高，推論除了因平均壽命較長，也跟荷爾蒙、環境影響有關，而且失智症與老年憂鬱症往往有共病關係，然而，這個誘發的機轉，目前還不知道哪個是雞、哪個是蛋？

至於男性，由於不像女性年輕時還有女性荷爾蒙保護，動脈硬化的速度原本就較快，加上男性較易有抽菸喝酒的習慣、也較常處於高壓環境，因此心血管疾病風險明顯高於女性。

臨床上有些老年常見的疾病，也出現男女有別的情形，彭莉甯醫師舉例：2004年一篇蘇格蘭分析全國資料的研究指出，65歲後發病的糖尿病，不論治療狀況如何，男性終其一生因糖尿病所造成的死亡風險其實差距不大，反觀女性，若不治療，糖尿病相關死亡率在發病3年後便有顯著差異；此外，尿失禁是老年男女都可能面對的問題，不過原因不太一樣，男性多半是因攝護腺肥大導致「溢出性尿失禁」（overflowincontinence），女性則是因曾經生產或接受過骨盆腔手術，產生「應力性尿失禁」（stressincontinence），可能提重物或打噴嚏就漏尿。

3大觀察指標
及早發現長輩疾病徵兆

並非每個老年人對身體的不適或警訊都能清楚表達，因此家人的觀察非常重要。彭莉甯醫師指出，若出現手麻、手抖或暈眩等明顯症狀，家人多半會立即將老年人送醫，然

而，許多老年人的症狀並不典型，比如：日前門診來了一名80歲老伯伯，兒子抱怨老爸使性子，假日兒孫回來探視時反而很愛唉叫，但她一看就覺得不對勁，進一步檢查發現，老伯伯有急性心肌梗塞合併肺炎，必須馬上住院治療。

彭莉甯醫師表示，這名老伯伯沒有明顯胸悶、也不太咳嗽，症狀跟教科書上所說的完全不同，能夠診治出來完全憑臨床累積的專業經驗，這也是為什麼要推動老年醫學專科醫師的訓練，因為老年人的疾病表現跟成人非常不同。

如何判斷家中長輩可能有疾病困擾需就醫？彭莉甯醫師提出3大觀察指標：

1. 活動或認知功能突然下降

比如原本能自己行走，卻突然不願意走；或是原本可自行進食，卻突然不吃不喝，由於老年人不見得能表達出是哪裡不舒服，可能被誤認為是鬧脾氣。此外，失智症初期的認知功能下降或是記憶衰退，常被認為是正常老化，患者就醫前多半與家人有一段磨合期，當症狀嚴重到讓家人驚覺到可能是失智症，就醫時往往已經是中度失智症。

2. 體重莫名其妙減輕

在沒有刻意減重的情形下，若一個月體重減輕達原有體重的5%、或半年內減少10%，都應有所警覺。彭莉甯醫師指出，這些不明原因體重減輕的老年患者，最後的診斷有三成因素是癌症造成、三成是心智問題（如憂鬱或失智）導致、有三成查不出特別病因，而糖尿病、甲狀腺功能低下等其他疾病問題占約一成。

3. 食欲不佳且常疲倦、嗜睡

此症狀可能是老年憂鬱症的表現，年輕人的憂鬱症和老年人不同，年輕患者會將心事吐露出來，老年人多半以功能退化或是行為退縮、原本有興趣的活動都不愛參與來表現。臨床上彭莉甯醫師遇過原本社交活動還蠻活躍的老年女性，突然產生老了沒用的念頭、變得不愛出門，家人協助就醫才知得了憂鬱症。

父母對身體不適太輕忽或太焦慮 都可能造成健康照護上的困擾

成大醫院斗六分院內科部家庭醫學科主任黃盈翔表示，老年人就醫行為常有兩種極端：

1. 把功能退化視為老化之必然

這類型的長者，容易把小毛病懲成大問題，比如貧血，若長期以來都有、且沒有突然惡化，或許可視為老化的表現；但如果最近才第一次發現就必須小心，因為包括大腸癌、胃癌等癌症初期，都伴隨有貧血症狀。

2. 身體不適就懷疑自己罹患重病

還有一種則過於憂慮，可能聽聞朋友罹病，就懷疑自己的不適症狀是得了某個疾病，當檢查無法立即找出符合他推想的答案，加上醫師沒有足夠時間說明、安撫他的心，生活重心就擺在到處看醫師。

黃盈翔醫師指出，老化勢必讓人感覺身體狀況不如以前，目前政府提供65歲以上老年人每年一次成人健康檢查，定期追蹤較能掌握老化對身體的影響，如果發現疾病，則應立即與醫師討論治療目標。

居家養老是趨勢
也能減緩老化

老化導致的問題不少，不過，多數老人家的養老地點首選仍是家裡，而不是專人照料的安養機構。黃盈翔醫師表示，臨床上觀察發現，老年人的確喜歡留在自己最熟悉的家，維持原有的生活習慣及模式，若換到陌生的環境居住，反而會加速老化。

其中，失智症患者更需要懷舊的環境，有些子女為了就近照料失智的長輩，將他們從南部接到北部來住，但這個家對失智症患者而言是陌生的環境，很可能影響病情的控制，必須在布置上多花些巧思。

此外，居家養老雖然對老年人的心理健康較有益，但若是獨居長輩，仍有較高的危險性，內政部的調查也顯示，近七成老年人的理想居住狀態是與子女同住，其次是僅與配偶或同居人同住，「有人陪伴」是晚年能否安養的關鍵。

（採訪整理／張雅雯）

PART 1
健康照顧

不了解父母的身體問題，子女在照顧時容易產生誤解，

尤其重聽、骨質疏鬆、便祕等疾病，常給長輩帶來不便，

也容易造成照護時溝通的誤會，

因此，照顧老人家時，一定要先清楚他的身體健康狀況。

你和父母說話，總是雞同鴨講嗎？

你的父母最近是否常誤解你的意思，老是忘記你說過的事，要人一再提醒，甚至不愛出門，從社交圈中退縮下來……，這可能不是健忘，也不是有憂鬱症，而是聽力出了問題。

王伯伯在兒子的婚禮上，遇見一位多年不見的老朋友，高興地拉開喉嚨述說好友的糗事，惹得親友笑聲不斷，好友卻尷尬萬分。在一旁的女兒見狀，委婉地勸說：「爸，別說了！菜要上了。」然而，王伯伯卻一臉納悶地大喊：「什麼？誰槓上了？」

你家裡有重聽的長輩嗎？重聽者聽不清楚，不但說話的音量大，聽廣播、看電視的聲音也加大，旁人的耳膜可能受不了，他卻絲毫不以為意。

內耳功能退化引起重聽

究竟老人重聽是怎麼引起的？國泰醫院耳鼻喉科主治醫師林俊成說，老人重聽是漸進式，不是短時間形成的。他解釋，老人重聽不論是「傳導性聽力障礙」（聲音難以經空氣傳導進耳膜震動產生聽覺）或是「感音性聽力障礙」（聲音難以經乳突震動傳至耳朵內膜產生聽覺），都是年紀大內耳功能退化所致，其他像長期暴露在噪音中，也會導致重聽。

重聽者除了對聲音感受不靈敏外，還會對旁人說「耳朵悶悶的」，這時家人要注意長輩可能有重聽傾向，或是內耳功能障礙導致語言辯識能力退化，「上述都是早期症狀，究竟狀況如何，還是讓醫生診治最好。」林俊成醫師補充，**通常50歲以上的老人，或多或少都有重聽的情形，往後每增加10歲，聽力就會減低5～10分貝。**

由於老人重聽是漸進式發生，臺北榮民總醫院臨床心理師楊雅明從心理層面將它分為「不知不覺」、「後知後覺」及「先知先覺」三個階段。

1. 不知不覺型

納悶聲音怎麼變小了

初期老人家會因「不知不覺」發現周遭聲音變小，而要求家人將電視音量開大，或者說話大聲點讓他聽到，這個階段的老人家會一味希望對方配合他。楊雅明心理師指出，榮民總醫院由於看診的榮民伯伯多，常可看見「大聲公」，旁人看來還以為伯伯在發脾氣或跟別人吵架！

楊雅明心理師的門診也常遇到病患不知自己聽力變差，日常生活都要求家人配合的例子，不但看電視時將音量調大，連講電話的聲音都特別大，個性變得跋扈難纏，增添家人的困擾。

2. 後知後覺型

聽不清楚別人說什麼

等到聽力更差變成「耳背」時，便進入「後知後覺」階段，如聽對方說話只聽一半，聽了之後還重複問對方說些什麼。因此，別人也不想和他溝通，導致老人家焦慮，常常想為什麼自己聽不清楚，演變成不敢接電話，或者接了電話怕聽不懂對方說的話而焦慮，甚至面對人群會不安，常怕自己誤會別人的意思。

楊雅明心理師門診上遇到的案例是，有位病患說自己的耳朵一邊好、一邊不好，請醫生在聽力較好的那側說話。她認為站在醫護人員的立場，絕對要盡量配合病患的要求，讓病患覺得自己還有功能可以發揮，有被尊重的感覺。

3. 先知先覺型
懷疑旁人對自己不滿

第三階段是最嚴重的階段，也就是一般人說的重聽，屬於「先知先覺」型。楊雅明心理師解釋，這階段的重聽老人已不太能理解或聽不清楚旁人說的話，因而會看對方的表情、動作去猜測意思，有時對方一些不經意的小動作，會讓重聽老人瞎猜疑，認為別人說他壞話，或看他笑話。到了第三階段，旁人用「比手畫腳」溝通是比較好的方式。

致病4因子
先進行聽力測驗再診斷

從病理學來看，引發老人重聽大都是內耳組織結構病變所致，症狀有輕有重，致病的原因可分為感覺性老年聽障（內耳耳堝等感覺細胞萎縮）、神經性老年聽障（聽神經元細胞數目減少）、代謝性老年聽障（內耳血管紋萎縮）、機械性老年聽障（內耳基底膜硬化）4大類。

林俊成醫師表示，上述類型都是醫師診斷的參考，由於每個人的體質及症狀各不相同，門診上仍很難診斷導致老人重聽的原因究竟屬於哪一型，不過，一般來說，醫師會先請病患進行聽力測驗再診斷。

（採訪整理／楊錦治）

老人重聽，無藥可救？

老人重聽大都是內耳功能退化所致，與微血管血液循環有關，如果血管收縮或感染病毒，便會引起突發性重聽。當然，老年人重聽也有可能是先天性因素（如遺傳）產生的，或者後天環境（如胎兒時期經由產道感染病毒、噪音等）引起，不過隨著年紀增長，這些原先可用藥物或手術治療改善的症狀，會因聽力器官退化而「無藥可救」。

老人重聽難以吃藥解決
但若伴隨耳鳴，服藥可減輕耳鳴症狀

國泰醫院耳鼻喉科主治醫師林俊成解釋，「老人重聽通常已無法用藥物解決，頂多僅能『緩解』症狀，對於實際治療並沒有幫助，但如果重聽伴隨耳鳴，是可以用藥物，例如

用鎮靜劑舒緩，減輕耳鳴的症狀。」

曾有研究顯示，老年人缺乏「鋅」會造成耳鳴，使聽力減退，補充鋅可能減緩症狀，或是補充抗氧化劑可治療老人重聽，不過，目前醫學上仍沒有進一步的實驗證實。

當心重聽讓長輩變成躲在陰暗角落的「老番癲」

臺北榮民總醫院臨床心理師楊雅明提醒，重聽的老人心理上難免焦慮、憂鬱，甚至在人際互動上易造成誤會，除了醫師治療外，家人也要給老人家一些心理上的鼓勵，讓他們不要鑽牛角尖。她從兩個層面進一步說明。

首先，重聽老人因為感官退化，有些人會身體不適，導致心理慌張，這就是所謂的「濾病」，常常將對自己不好的事情過度誇大，這時家人適時關心是非常重要的。

其次，重聽病患和別人溝通的障礙，如果發生在年輕人身上，還可用視覺去分辨、判斷對方意思；但若是老人，因為聽力、視覺都不好，加上記憶力喪失，認知功能退化，個性樂觀的人或許能接受事實，但悲觀的人就會「想太多」，一旦發現自己重聽的事實，可能使情緒更加低落，甚至出現憂鬱傾向，從社交圈退縮下來，自己躲在陰暗的角落，胡思亂想，變成親友眼裡無法溝通的「老番癲」。

家人最好陪同就醫
有助醫病溝通

若與老人家溝通出現障礙，林俊成醫師建議家屬，帶長者尋求耳鼻喉科醫師診治，至少先確定是外耳、中耳或內耳引起的，或者是中樞神經有問題導致的聽力障礙，排除致病因素後，才可以知道病患的重聽究竟是哪些病變所致。

楊雅明心理師解釋，家人最好陪同病患就醫，主要是因為家屬最了解病人的狀況，當長者就醫時，可當醫護人員和病患中間的溝通媒介，才不致引起不必要的紛爭或誤會。就像有些老人家脾氣倔強，容易被人激怒，或者固執地認為對方說話別有用意而大發脾氣。

門診遇到長者誤會或衝突的狀況，也需要家屬協助醫護人員以勸導方式「軟性處理」，讓病人情緒緩和下來。

佩戴助聽器
需要時間適應

當然，重聽病人也可以佩戴助聽器解決問題。林俊成醫師說，醫生檢驗重聽病人的病情時，通常先做聽力測試，再將聽力檢查表交給檢查師診斷，病人可拿這份檢查表自行到聽力公司，經過聽力師評估後，再選擇購買適合自己的助聽器。

助聽器種類繁多，除了依聲音可分數位式和類比式之外，外型還可分為耳掛式、耳內式、耳道和深耳道4種。

戴助聽器雖然是一種解決方式，不過，很多老人家卻反應，佩戴後突然出現許多雜音，而心生排斥，這是因為助聽器將所有聲音放大而產生的現象，病人需要時間去適應、習慣。而林俊成醫師也坦承，戴助聽器對於老化引起的重聽，效果仍然有限。

楊雅明心理師提醒，助聽器操作上需要時間適應，老人家或許記憶力不好，家人必須有耐心，花時間去說服，並且不斷提醒長輩如何操作，讓他更熟練，不排斥之後，就能慢慢習慣。

家人關懷最重要

林俊成醫師強調，目前診斷聽力的器材大都是專業醫師在使用，一般人無法操作，所以「讓醫師檢查還是最好的診斷辦法」，不過，家人若想早期發現老人的聽力問題，還是可以在日常生活中觀察其行為舉止是否異常。

重聽老人雖然無藥可醫，但如果症狀不嚴重，林俊成醫師建議，可從平常的生活習慣改善。例如不要整天待在吵雜的環境裡，注意營養均衡，心情放輕鬆比較能減緩老化，再加上**每半年至一年定期追蹤檢查，測試究竟是「聽力不好」或僅僅是「聲音辯識能力有問題」，就可以減少重聽因子的發生**。而輕度重聽者，經醫生判定、治療後，對於舒緩症狀也有一定的效果。

若家有重聽的長輩，楊雅明心理師從心理層面建議家人，應多關心他們的心理需求，建立共通的溝通之道是上上之策。許多醫院會開設衛教課程，如訓練家人如何與重聽老人相處、如何減少重聽老人的挫折感等，都可幫助家人更了解重聽老人的需求。

當然自己也要有心理準備，一開始和重聽的長輩溝通時，要花比較多的時間尋找適當的溝通模式，或者花時間陪著長輩與別人接觸、溝通。這是一個「長期抗戰」，是一個需要家屬和老人一起完成的重要課題。

（採訪整理／楊錦治）

小叮嚀

8祕訣，讓重聽長輩更懂你的意思

1. 說話時加上動作、手勢強調。
2. 讓長輩看你的嘴型，方便他猜測意思。
3. 說話時神情要愉快，不要出現不耐煩的表情。
4. 告訴長輩如果聽不清楚要多問幾次。
5. 用簡單扼要的句子表達意思。
6. 記得多講幾次讓長輩聽懂。
7. 可請長輩主動用數據解決聽不清楚的困擾，例如：「你說的是第一項、第二項……的意思嗎」。
8. 將歸納好的重點寫下來讓重聽的長輩了解。

（採訪整理／楊錦治）

小叮嚀

不同程度的重聽症狀

聽力程度	可聽見的分貝數	症狀
正常聽覺	-10～25分貝	無
輕度重聽	26～45分貝	清柔的聲音聽不清楚，但在安靜的環境裡說話或聽聲音沒問題。
中度重聽	46～70分貝	聽得見近距離的聲音，但一般交談有些困難，若在吵雜環境更困擾。
重度重聽	71～90分貝	與人交談答非所問，除非對方說話提高音量。
高重度重聽	91分貝以上	聽得見的聲音很少，或只能聽到較低頻的聲音，即使佩戴助聽器，效果也有限。

（採訪整理／楊錦治）

為長輩存骨本
非懂不可的灌鈣料理

65歲的張媽媽因慢性病常要服用利尿劑，擔心藥劑加速骨質流失，因此家人很注意她的鈣質攝取，也會定期買鈣片等營養補充品給她服用。張媽媽認為既然已吃鈣片了，就不太重視飲食中鈣質的攝取。至於70歲的王爸爸，則是深信「吃骨補骨」，因而常喝大骨湯來顧筋骨。

專家提醒，上述補鈣做法成效有限，像張媽媽「依賴鈣片，不重視日常飲食中鈣質的攝取」，是本末倒置的做法。因食物所含的鈣，人體吸收率遠比鈣片來得高，平時仍要多吃含鈣食物。而豬大骨熬成的湯，多含油脂、少有鈣質，膽固醇太高，不算優質的補鈣食物，相較而言，牛奶、無糖優酪乳所含的鈣質更優於大骨湯。因此，想藉由日常飲食累積骨本，不妨跟著專家先找出最有營養「鈣」念的食物！

老年人喝鮮奶補鈣效果最好 然而，切忌把牛奶當水喝

對於防治骨質疏鬆，臺北醫學大學保健營養學系副教授暨附屬醫院臨床營養師簡怡雯直言，「預防骨鬆遠比治療容易。」

想藉由飲食維持骨質量，主要靠兩大方式：多攝取維生素D及鈣質。一般而言，身體健康者只要多吃含鈣食物，即可減緩骨鬆速度。若飲食難以正常、無法充分攝取，也可藉助營養補充品補足流失的骨質，減緩惡化情況。

此外，除了顧骨本，也要有強韌的筋骨，因此維生素C、膠原蛋白等也不可獲缺，這些營養素有助於關節柔軟有彈性、肌肉支撐力足。

簡怡雯營養師指出，<u>牛奶、乳製品及深綠色蔬菜等，含鈣量豐富，而食物所含的鈣，人體吸收率高，特別是易患骨質疏鬆症的中老年人，喝鮮奶補鈣效果最好。然而，一天最多2杯</u>（多喝效果未必佳，且脂肪含量較高）。

若因腸胃不能消化牛奶中的乳糖，<u>喝了牛奶易氣脹腹</u>

瀉，也可多吃優酪乳、優格、沙丁魚、小魚乾、低脂起士、豆腐或其他豆製品等補充鈣質，或額外補充鈣片。要注意的是，豆製品中的豆漿，含有豐富的植物性蛋白質，鈣質含量卻很少，不宜做為攝取鈣質的主要來源。

至於「吃骨補骨」的想法，簡怡雯營養師也澄清，豬大骨熬湯多含油脂、少有鈣質，即使豬骨髓有些鈣質，膽固醇卻高，不算優質的補鈣食物。相對而言，優酪乳富含鈣質，好吸收，比大骨湯更適合。

當心2勢力
耗損體內鈣質

除了年紀或疾病，臺北市藥師公會副理事長沈采穎還分析，以下因子也易造成骨質疏鬆：

惡化骨鬆因子1 ➲ 服用類固醇、含制酸劑的胃藥

如果家人是長期服用類固醇、利尿劑的慢性病患者或骨

鬆患者，更需注意鈣質的補充，以免骨質快速流失。

此外，胃疾患者、常腹瀉、常服用制酸劑者，因胃藥中的鈣、鋁、鎂會與身體中的磷酸鹽結合，使體內的鈣質耗損，而易造成骨質疏鬆。

惡化骨鬆因子 2 ➲ 愛減重、偏食的人

時常減重、偏食或快速減重的人，易導致血液中的鈣質不足，迫使骨骼釋出鈣，同時荷爾蒙也不足以保住骨質。

飲食 4 訣竅
留住骨本更容易

想留住骨本，專家傳授以下飲食技巧：

Tip1 少吃肉及高蛋白食物

簡怡雯營養師提醒骨鬆高危險群，飲食上首先應減少高

蛋白食物。歐美人骨架大理論上較不易骨鬆，但他們偏愛紅肉、油膩食物、喜歡抽菸喝酒，皆易使身體變成酸性體質，體內鈣磷失調，骨質反而易流失，因此骨鬆情況同樣嚴重。反倒是一些喜歡吃蔬食的亞洲人，骨質流失較輕微。

Tip2 避免含咖啡因食物

咖啡因會加速人體中的鈣質流失，因此含咖啡因的飲料及食物，如咖啡、巧克力、可樂、茶等，不宜過度攝取。

簡怡雯營養師補充，咖啡因不會阻止人體吸收鈣質，所以，喝咖啡可大量添加牛奶，變成喝拿鐵咖啡，只是補充鈣質的同時，身體仍有少部分的鈣質會隨咖啡因而流失。

此外，要注意的是「奶精」不是乳製品，而是玉米粉加椰子油製成的，喝咖啡或茶時，加奶球或奶精無法補充鈣。

Tip3 少鹽、少糖、少加工食品

當體內的鈣磷比為1：1時，最利於鈣質吸收。簡怡雯營養師指出，吃重鹹、高鈉的食物及加工食品，將導致體內鈉離子過多，反而加速鈣質流失；而磷離子過多，也會阻止鈣質吸收。

另外，甜食攝取過多，特別是精製糖，易導致體內鈉磷不平衡。因此，盡量少攝取這類食品，多吃天然食物。

Tip4 含鈣食物應與高纖食物分開食用

高纖食物通常富含草酸，會與食物的鈣質結合成為草酸鈣，使鈣質不被人體吸收。所以常吃高纖食物者，不妨多補充吻仔魚、小魚乾；素食者則多吃高鈣海帶、豆製品、乳製品，如：焗烤綠花椰菜、吻仔魚莧菜羹、海帶芽小魚乾味噌湯、芝麻糊、炒芥蘭等，必要時也可補充鈣片。

（採訪整理／張慧心）

小叮嚀

食物怎麼料理，鈣有效？

烹煮方式	傳統說法	正確與否	正解
熬煮排骨或大骨湯	加醋有助鈣質溶解	正確	加檸檬汁或加醋均可加速鈣質分解和吸收
吃魚時加檸檬或醋	酸性可釋放鈣質	不正確	烹煮時加入檸檬或醋才有效
酸性果汁要少喝	會酸蝕牙齒及骨本	不完全正確	檸檬酸可能會酸蝕牙齒，但酸度沒有強到可以酸蝕骨本

（採訪整理／張慧心）

小叮嚀

6大類高鈣食物

含鈣食物首推牛奶（鈣質最好吸收），其它如豆製品、海產品、海藻類、黃綠色蔬菜、水果類，都富含優良的鈣質。

1. **奶類及奶製品：**牛奶、羊奶、全脂及脫脂奶粉、乾酪等。
2. **豆製品：**豆腐、豆乾、黃豆粉、黃豆乾、豆乾絲、綠豆、紅豆、黃豆、黑豆等。
3. **海產品：**小魚乾、吻仔魚、蝦皮、蝦米、蝦子、文蛤、牡蠣、罐裝沙丁魚、鮭魚、條仔魚。
4. **海藻類：**包括海帶、昆布、裙帶牙、海菜、海藻、乾紫菜等。
5. **黃綠色蔬菜：**莧菜、番薯葉、九層塔、空心菜、芥藍菜、雪裡紅、乾香菇、番茄、金針、鹹菜干、高麗菜乾。
6. **其他：**山粉圓、木耳、枸杞、杏仁、黑白芝麻、酵母粉、蛋黃、全麥麵包。

（採訪整理／張慧心）

困擾長輩的便祕問題，怎麼通？

書田診所大腸直腸肛門科主任醫師胡煒明提及，1996年美國國家衛生研究院調查指出，美國有300萬人常便祕。大部分是女性及65歲以上的成年人。

「嗯嗯」不順？
有11種可能

胡煒明醫師說，要瞭解便祕，須先瞭解大腸的功能。當食物進入大腸後，大腸一邊吸收水分、一邊把身體不需要的殘渣製成糞便。之後，大腸的肌肉會收縮，把糞便推向直腸，當糞便到達直腸時，大部分的水分已被吸收，因此糞便會變硬。當大腸蠕動速度變慢，糞便中的水分幾乎被吸收完時，糞便就會變得又乾又硬。

常見的便祕原因有以下11種：

1. 食物中的纖維質不足

如老年人牙齒不好，只吃纖維量不足的軟食（像放進攪碎機調製的軟食，通常已把纖維打碎），食物會完全被人體吸收，腸胃不需蠕動而導致便祕。

2. 水分不足

每天至少應喝8大杯水，酒精及含咖啡因的飲料，如咖啡、可樂、茶，均有脫水的反作用。

3. 缺乏活動或運動

人不動，腸胃跟著不太動，就易便祕。

4. 服用藥物

如止痛劑、含鋁及鈣質的制酸劑（常見於胃藥）、含鈣離子阻斷劑的降血壓藥、抗巴金森氏症藥物、抗痙攣藥物、抗憂鬱症藥物、鐵劑、利尿劑、抗抽筋藥物等，都會抑制神經的活動，減緩腸胃蠕動。

5. 大腸激躁症候群（腸躁症）

常與壓力有關，緊張時會大便多次，數日內又便祕。

6. 環境變化

老年人活動少，會影響腸胃蠕動；旅行時，作息、飲食改變或其他壓力，也會導致腸胃不順；而婦女懷孕時水腫，也會導致大腸蠕動變慢。

7. 不當使用緩瀉劑

緩瀉劑會傷害大腸內神經細胞，使其失去正常的收縮能力。

8. 忽略排便意圖，逐漸失去便意

在門診中常見的個案多是女性，可能因在外上廁所嫌髒、或認馬桶、或忙於工作等，不願上大號，久了自然「大」不出來。

9. 罹患某些疾病

患有神經性疾病（如中風、巴金森氏症、脊髓損傷）、代謝性及內分泌疾病（如糖尿病、甲狀腺亢進或低下症、尿毒症）、紅斑性狼瘡等，都會讓腸胃硬化，導致便祕。

10. 大腸直腸的問題

腸阻塞、腸沾粘等手術後，都會干擾腸胃蠕動，加上腸沾粘，讓腸胃產生角度，對蠕動也有影響。

11. 腸機能障礙

如慢性不明原因的便祕或易拉肚子，檢查時卻都沒問題。老年人可能是因其他生理疾病或吃藥；年輕人可能是長期忽略排便習慣；兒童則多來自母體的遺傳體質。

幫長輩遠離便祕
該怎麼做

若便祕嚴重到需看醫生時，醫生會視其嚴重性、年齡、糞便是否帶血，及近期大便習慣是否變化或體重是否減輕，決定做哪些檢查，也可在醫師開處方後，使用一些緩瀉劑。常做的檢查包括：

1. 肛門指診檢查：是評估肛門括約肌的鬆緊度，會觀察有無壓痛、阻塞或帶血。
2. 有些病人要檢查甲狀腺疾病或血中鈣濃度。
3. 症狀嚴重的病人，需檢查大腸直腸蠕動速度及直腸肛門機能試驗。
4. 年紀大的病人有時需加做「鋇劑灌腸檢查」及「直腸鏡或大腸鏡檢查」。

長期便祕會導致哪些嚴重後果？胡煒明醫師表示，有時會直接導致痔瘡、肛裂、直腸脫垂或糞石阻塞，間接使人腹部不適、精神萎靡，至於是否與大腸癌有關，仍有待證實。但國人生活及飲食方式逐漸西化，便祕人口愈來愈多，大腸直腸癌症機率也愈來愈高，間接可看出其相關性。

胡煒明醫師建議，多數病人只需改變飲食和多運動，就能改善便祕情形。飲食方面建議多喝水，補充優酪乳，增加腸內好菌，同時增加纖維質攝取。運動方面最好從事有氧運動，且以333制為原則，即1周3次、每次30分鐘、心跳每分鐘130下以上。若老年人不方便做有氧運動，可走路到出汗即可。

（採訪整理／施沛琳）

小叮嚀

便便有血絲，長痔瘡前兆？

不只是痔瘡，便祕造成排便困難而引起「肛裂」，也會導致大便上有血絲。若血絲狀況沒有改善，如隔天還有，或馬桶內出現紅紅的水，這時，須立即就醫，讓醫師判定是痔瘡或其他腸道出血問題。若第一天有血絲，後來即解除，就只是大便過於用力所致。

（採訪整理／施沛琳）

老人家噁心反胃，是心肌梗塞前兆？

對很多老人家來說，噁心反胃或腹疼背痛都是些習以為常的小毛病，有人甚至覺得，只要休息一下就好，不過，美國最新醫學研究發現，這些都是心臟病的前兆，而停經後的「女性」首當其衝，若不以為意，延後治療，可能有致命危險！

心肌梗塞不是男性專利
停經後的女性更要提防

民眾對心臟病突發的印象是：患者突然抓緊著胸口，瞬間胸悶、心悸、胸痛，沒幾分鐘就倒地不起。這是典型的心臟病猝死過程，多發生在男性身上，因此，外界總誤以為男性比女性易罹患心臟病，心肌梗塞是男性專利，女人較不易猝死……，這些錯誤的觀念，請趕緊矯正過來！有句話形容：「女人心難測」，是有臨床意義的。

女性罹患心臟病時，鮮少出現典型的活動時胸悶、胸痛、盜汗、喘不過氣，反而會感到疲累、無力、虛弱、憂鬱、食慾不振、噁心作嘔，或是上腹部不適、下巴或頸部緊縮感、背部痛，這樣的非典型症狀易被輕忽或誤判，以為是過度疲勞、腸胃不適、肌肉神經痛、情緒上的問題，造成誤診或延遲就醫的黃金期。

國外臨床統計，停經前女性罹患心臟病的比率低於男性（女性首次心臟病發作，年紀比男性約晚10年），因此，女性總認為自己較不會罹患心臟病，殊不知婦女停經後，失去荷爾蒙的保護，心臟病的增加速度反而比男性快。

由於女性自認較不會罹患心臟病，出現上述非典型症狀時，多不會認知是心臟問題，等到發現時，往往時機已晚，症狀已較嚴重，也影響預後。

有鑑於此，本書特別訪問國泰醫院心臟內科主治醫師周柏青，請他說明「為何心臟病會男女有別」？尤其是對於停經後的女性來說，必須特別留意哪些心血管疾病的警訊？

男女第一次心臟病發症狀大不同

男女心臟病發的臨床表徵不大相同，第一次心臟病發作時，男性多以「心肌梗塞」表現，女性則多以「心絞痛」表現。

由以上差異，就不難理解為什麼常看到報章雜誌報導：某某男性因心臟病發猝死的新聞，卻鮮少聽到女性心肌梗塞而暴斃的新聞。

從心臟病發作來看，第一次發作時，男性猝死率確實比女性高。然而，這不代表女性比男性不易罹患心肌梗塞，只是臨床表現不同罷了。

心臟不舒服為何腹痛、下巴痛？

心臟不舒服，應該是胸悶、胸痛，為何是上腹痛、下巴痛或其他地方痛？

這是因為痛覺神經的傳遞過程，是先集中訊息到脊髓，再一起送到腦部，有時腦神經無法精確定位，產生錯誤的認知，以為是肩膀痛、頸部痛、牙痛或胃痛。所以，心臟病引起的痛處，除了胸痛外，還可能有左肩痛、頸部痛、下巴痛、牙痛或上背部痛。至於上腹部不適，除了胃疾，也常跟心臟下壁缺血有關。

這些部位的疼痛，都只是症狀表現，長輩不易自行判斷，一般而言會依疼痛部位，找「專科」就診，如上腹痛找腸胃科等，若檢查後發現無腸胃方面的問題，也可帶長輩至高齡醫學科就診，讓醫師釐清到底是哪個部位引發的問題。若為心臟問題，高齡醫學科後續也會安排「心臟內科」醫師做進一步的檢查與治療。

心臟結構一樣
心臟病反應為何「男女有別」？

國外研究發現，影響「心臟病」的因子主要有3個，分別是基因、荷爾蒙、血管大小。

1. 基因

男女各自擁有X、Y染色體，不同的基因，表現也不同，在動脈硬化的反應上，也有差異，如：硬化斑塊組成的方式、內皮細胞的功能差異及血栓形成的方式，進而在臨床的症狀，及接受治療後的預後也各有不同。

2. 荷爾蒙

荷爾蒙會影響動脈硬化的發展。因心臟細胞上有荷爾蒙的接受體，而女性荷爾蒙對心臟具有保護作用，因此，停經前婦女受到女性荷爾蒙的保護，較少罹患心臟病；但婦女停經後，失去荷爾蒙的保護，罹患心臟病的增加速度則比男性快。

3. 血管大小

男女的血管直徑不同，男性的血管較粗，女性較細，此會影響臨床症狀的表現及治療預後的反應。舉例來說，接受同樣的冠狀動脈疾病治療，如氣球擴張及支架置放術或繞道手術等，臨床顯示，女性術後的併發症比男性高，且長期冠狀動脈的暢通性也不如男性。

哪些女性是心臟病高危險群？

心臟病的主要危險因子是高血壓、糖尿病、高血脂、肥胖、抽菸，及有早發性心血管疾病家族史。早發性心血管疾病家族史指的是：男性親屬小於55歲，女性親屬小於65歲，罹患心血管疾病。

高血壓患者若沒有心臟疾病，血壓要維持在140/90毫米汞柱；若已有心血管病變的高血壓及糖尿病、慢性腎臟病患者，血壓要維持在130/80毫米汞柱，若能達到120/80毫米汞柱則更理想（正常人的血壓，收縮壓小於120、舒張壓小於80）。

女性糖尿病患者的心血管疾病死亡率是非糖尿病患者的3倍，糖尿病患者的血糖控制最好在糖化血色素7%以下。

雖然低密度膽固醇和三酸甘油脂過高，都會增加心臟病機會，但在女性心臟病方面，三酸甘油脂和高密度膽固醇，更能預測其風險，理想的血脂肪目標最好是三酸甘油脂小於150mg/dl，高密度膽固醇大於50mg/dl，低密度膽固醇小於100mg/dl。

此外，女性抽菸率愈來愈高，且年齡層下降，雖然尚未在臨床上顯現出來，但抽菸對於女性心臟的影響甚於男性。若抽菸又患有糖尿病，得到心臟病的機率更高，即使停經前也一樣，因抽菸會破壞女性荷爾蒙保護心臟的優勢。

目前國外也有研究指出，女性「獨居、罹患憂鬱症，或長期處於焦慮中」，罹患心臟病的機率有大幅提高的趨勢，不得不留意。

5大好習慣
避免心臟病發作

周柏青醫師建議在生活中落實5大遠離心臟病的健康習慣，良好、規律的生活方式，就是遠離疾病的不二法門。

1. 戒菸。
2. 控制理想體重。
3. 每週保持3天、每次約從事30～60分鐘的中等強度運動，如快走、游泳。
4. 飲食方面，以低脂肪的魚肉、去皮的家禽肉，取代高脂的牛羊等紅肉，多吃全穀全麥高纖的食材及蔬果。
5. 降低鹽分及反式脂肪酸（如：非乳製奶精、用瑪琪琳等人造奶油、烤酥油製作的洋芋片、炸薯條、零嘴等）的攝取。

（採訪整理／康以玫、蔡睿縈）

小叮嚀

想提早發現心臟病
哪些看似無關的警訊要注意？

國泰醫院心臟內科主治醫師周柏青表示，心臟病症狀發生的密集度，要看「血管狹窄的嚴重程度」。婦女在病發的1個月前或更久之前，常會出現不同以往的非典型症狀。令人擔憂的是，這些發病前兆幾乎很難和心臟病聯想在一起。

國外研究數據指出，**在心臟病發前，少於30%的女性，曾有胸痛或胸部不舒服感，高達70%的女性曾有「不尋常的疲倦感」，其次是「睡眠不正常、失眠、呼吸急促、喘、消化不良、焦慮」等症狀。**

雖然發生急性心肌梗塞時，「胸痛」是最常見症狀，但女性常伴隨非典型症狀，因此易模糊問題焦點，特別是年紀大的女性，更要保持警覺，以免錯失及早就醫的時機。

（採訪整理／康以玫）

小叮嚀

如何分辨「心臟有無問題」？

心臟需要氧氣和血流來維持運作，當人體活動時，心臟對於氧氣和血流的需求會提高，正常健康的心臟會自動調節順應變化，增加供給量，應付額外的需求；當心臟不正常時，供需無法滿足，就會出現不舒服的症狀，產生胸悶、胸痛、有東西壓住胸口的感覺。這時若趕緊休息，因需求降低，心臟會漸漸恢復平衡狀態，讓症狀減緩。上述不舒服的感受正是典型的「心絞痛」症狀。

心臟病不典型的表現非常多樣，不是人人都相同，每種症狀也未必一起發生，且不一定都會胸痛，胸痛也可能不是心臟問題。一般來說，若出現胸部、左肩、下顎（下巴）、背部、頸部或上腹部不適，確定這些部位沒有異樣時，就要朝心臟是否有問題來思考。

國泰醫院心臟內科主治醫師周柏青提醒，若首次突然嚴重胸口不舒服，或發生頻率高，症狀比以前嚴重的話，可能是不穩定心絞痛，得趕快去醫院掛急診。

（採訪整理／康以玫）

PART 2
從心關懷

父母的心事，你知道多少？

有時老人家心沉沉，沒病說有病，

情緒低落，甚至悲觀想法強烈，

小心憂鬱症一步步侵襲他的心……

父母心沉沉，沒病說病是什麼病

家中長輩身體開始出現莫名病痛，卻找不出原因？或是開始活動力下降，與家人少了互動？當心！可能是「老年憂鬱症」！

現在的社會趨向高齡化，「老年憂鬱症」的現象也會愈來愈多，家中長輩若有檢查不出原因的暈眩、胸悶、耳鳴、疼痛及不適等，且還伴隨失眠、食慾不振、疲憊感、焦慮、記憶力衰退，甚至出現輕生的念頭，這些都可能是老年憂鬱症會出現的症狀。

老年憂鬱症者
身體病痛跟病理變化不成比例

老人家難免身體會有些病痛或不適，但臺北市立聯合醫院松德院區一般精神科主任劉興政說，老年憂鬱症病患身體症狀跟病理變化不成比例，例如退化性關節炎不太可能會導致整個手腳都麻木，甚至找不出原因或無法解釋；有些患者的疼痛還會全身到處遊走，時好時壞。

臺北醫學大學附設醫院精神科主任蔡尚穎也表示，疾病和老年憂鬱症也會交互影響，身體有病痛的老人不只較易罹患憂鬱症，憂鬱症也可能讓原有的疾病惡化，且長者也易因藥物或生理疾病引起次發性憂鬱症。

蔡尚穎醫師提醒長者易罹患三D：Delirium（譫妄）（急性精神狀態改變）、Depression（憂鬱症）、Dementia（失智症）。兒女應多多關心家中長者，老年憂鬱症若遭漠視，沒正確診斷及治療，長久下來還可能導致認知退化，甚至被誤診為失智症。

熟齡者100位中有8人患不同程度的憂鬱症

您注意過家中長輩的心情狀態嗎？蔡尚穎醫師指出，65

歲以上的老人，平均100人中有3～8人會有不同程度的老年憂鬱症。而憂鬱症是指情緒狀態的改變，帶來的思考認知與行為判斷出問題。但在此特別提醒，憂鬱症狀與憂鬱症不同，須由專業的精神科醫師診斷。

小叮嚀

老人憂鬱症與成人憂鬱症有何不同？

臺北市立聯合醫院松德院區一般精神科主任劉興政分析差異如下：

1. 有老人憂鬱症的長者較少陳述心情不好或心情低落。
2. 患老人憂鬱症者身體症狀特別多，例如：手腳麻痺、心悸等。
3. 有老人憂鬱症者可能認知功能退化、記憶力衰退，最後可能慢慢走向失智症。

（採訪整理／黃怡華）

蔡尚穎醫師提醒，國內多數的長者因對老年憂鬱症不了解，或不好意思說出口，所以常延誤治療，一人獨自忍受痛苦不安。

身為家中的一份子，該如何替長輩注意是否有老年憂鬱症的症狀？以下為老年憂鬱症常見的表現方式：

CASE1

不斷檢查得了什麼病

75歲的王爺爺最近頻繁地拉肚子、脹氣，覺得噁心、不舒服、胃口不好，體重開始減輕。2年內在不同醫院做6、7次胃鏡，但是怎麼檢查都沒事，爺爺變得有點慮病症，一直覺得自己生重病，不僅情緒低落、不愛動、活動力下降，也覺得未來沒有希望、活著沒意思，負面情緒不斷出現。

專家建議

王爺爺已做過很多檢查，結果都無異常，代表生理方面正常，應針對心理來診治。劉興政醫師提及，在精神科藥物劑量準確的前提下，還需要長時間配合，才能改善情緒低落的問題，家屬應鼓勵王爺爺接受治療，且提醒他此病需長期治療追蹤，勿過度心急。

CASE2

因病痛覺得未來無希望

有重度第二型糖尿病的李奶奶，最近血糖控制很差，又有破壞性神經病變，常常手腳麻木、身體不舒服，情緒低落，覺得自己拖累子女，還不按照醫生指示服藥或打針，她覺得自己的未來了無希望，因而對有興趣的事物也隨之排斥。

專家建議

劉興政醫師說，李奶奶服用適量的抗憂鬱劑後，情緒轉為穩定，且願意配合治療，血糖控制也較佳，不再感覺未來渺茫。其中，家屬的支持及病人本身長期的配合是很大的關鍵。蔡尚穎醫師也表示，精神科和內科一起配合、相輔助，能提高疾病治療的效果，讓病人恢復到較好的狀態。

CASE3

凡事都說想不起來，像憂鬱又像失智

張爺爺最近常一個人發呆，漸漸的什麼事都不做，連最愛的下棋也都不太去接觸，看起來無精打采，記憶力也變得不太好，問他問題都逃避拒絕，或是說想不起來，但其實再深入詢問他就會回答，家人擔心他是否得了老人失智症。

專家建議

劉興政醫師判別張爺爺有點認知功能退縮，但不一定是失智症造成的結果，憂鬱症也會讓老人家記憶喪失、反應遲鈍。兩者最大的差別是：憂鬱症的老人常會說這個我不會或想不起來，不肯去做以前會做的事情；而失智症的老人則是會說我都會或硬擠出答案，但是真的要去做時，卻忘記該如何做。

老年憂鬱症治療後可改善，但是過幾年變失智症的可能性也滿高。所以，應多多關心家裡的長輩，多和他們聊天，讓他們培養自己的興趣、有自己的生活重心。

蔡尚穎醫師強調，老年憂鬱症不能完全靠吃藥，須找出與憂鬱症有關的心理壓力或者生理病痛，持續性的維持適當活動量，其重要性遠大於藥物治療。

老了更要動

雖然電視很少報導老人自殺跳樓的新聞，但劉興政醫師提醒家屬，其實老人自殺的比例偏高！所以，親友應密切觀察家中長輩，多和他們聊天，讓他們感覺到被重視，多帶他們去戶外走走，維持一定的生活品質。

蔡尚穎醫師也建議老人家，要有健康的生活型態，依照長輩個人可行、可負荷的方式，維持日常生活活動，讓身體和頭腦每天運轉。若發現家中的老人開始變得精神愈來愈不好，愈來愈不常笑，常常健忘或經常性失眠，千萬別以為是年紀大的關係而置之不理，這樣相當危險，可能因此延誤就醫時間，或是因一時疏忽而造成不必要的遺憾，若感覺有憂鬱症的可能，最好盡早至精神科就診。

（採訪整理／黃怡華）

老年憂鬱症，常偽裝成身體病痛

爸媽身體出現莫名病痛，卻找不出病因？對原本喜歡的活動，突然失去興致？可別以為這是自然的老化現象而置之不理，更別覺得這只是老人家在鬧脾氣，當心「老年憂鬱症」已悄悄找上門！

王伯伯現年70歲，最近常感到頭昏、耳鳴、胸悶、心跳過快、腰痠得特別厲害、胃口也變差，體重從65公斤掉到60公斤，人也變得不想動、不想說話、笑容變少、易感到疲累卻常失眠睡不好。

王伯伯原本早上有讀報及散步的習慣，現在都提不起勁做，覺得生活索然無味。他到心臟科、神經內科與耳鼻喉科檢查，都找不出病因，最後經家庭醫學科醫師轉介到精神科（身心科）就診，才診斷出罹患憂鬱症，經過治療，症狀獲得改善。

憂鬱症是
晚年快樂生活的殺手之一

統計顯示，臺灣地區65歲以上人口的比率已超過11.32%，當中患有憂鬱症者，約占老年族群的12%至20%。憂鬱症是老年人常見的精神疾病之一，會對患者及家屬的生活造成很大的困擾，但受到關注或治療的比例不到1/3。因此，老年人的身心健康狀況，是國人不得不重視的問題。

永和耕莘醫院家庭醫學科主治醫師許馨文表示，憂鬱症不僅會影響個人生活功能、引發或加重生理疾病、增加家人負擔，更嚴重的是，與自殺呈現高度的相關性，需及早發現治療，否則後果不堪設想。

憂鬱症是晚年快樂生活的殺手之一，跟成年人憂鬱症相比，老年憂鬱症更常「偽裝」成身體病痛出現，如患者可能會表示全身痠痛、腸胃不適、吃不下、胸悶、暈眩等，往往被家人誤認為老化的正常現象，延誤就醫。老人憂鬱症比成人憂鬱症有較多的身體症狀跟抱怨，還經常同時有認知障礙及較高的自殺率。

老年憂鬱症的推手

臺北醫學大學附設醫院精神科主任蔡尚穎表示，引發老年憂鬱症的因素很多，但簡單來說，可分成「生理性」和「心理性」兩大因素。

❖ 生理性因素

生理退化，包括身體機能衰退、中風、癌症、老人失智、巴金森氏症等疾病，都會直接影響到情緒控制中樞；而活力減低、營養攝取較差、產生病痛等，也間接影響情緒的控制。

❖ 心理性因素

人際活動減少、社經地位消失、兒女離開家庭（空巢症候群）、生活上有孤獨感（有老伴會好一點）、或因老伴或老友等同年齡層者逐漸凋零，產生哀傷反應。此外，有些人在退休後失去生活重心，特別容易產生憂鬱傾向。

蔡尚穎醫師表示，老年憂鬱症患者最需要的是親友和社會的關懷，雖然有些憂鬱症成因不可逆，像是生理退化、失去老伴等，但千萬不要因不能挽回而放任不管，使其病情加重，應適時地以藥物、心理輔導方式，雙管齊下減輕病人憂鬱情況。

常合併記憶力減退
易與老年失智症混淆

要評估老人家是否罹患憂鬱症，通常會透過以下步驟進行評估：

1. 詳盡的病史。
2. 完整神經精神狀態檢查。
3. 實驗室檢查：包括血中維生素B12、葉酸、電解質、腎功能、血糖、甲狀腺功能、肝功能等，進行這些檢查是為了排除是其他疾病引起的不適。
4. 篩檢問卷工具：老年憂鬱症評量表（GDS）是廣泛應

用的一種自填量表，以簡單的是、否來作答。

值得注意的是，老年憂鬱症患者，常合併記憶力減退，出現與失智症類似的症狀，易被誤診。憂鬱老人的記憶力主要受到憂鬱症狀的影響，在憂鬱前，記憶力正常；憂鬱時，記憶力明顯減退；憂鬱症狀消失後，記憶力又恢復正常。若是失智，症狀不會突然好轉。

由於兩者易混淆，元和雅聯合診所身心科醫師楊尚儒表示，鑑別時須注意以下幾點：

1. 憂鬱症初始發作時間較清楚，失智症則較模糊。
2. 憂鬱症會有認知功能的缺損，但較高皮質功能缺損則較少見（例如：失語症、失寫症等）。
3. 在記憶受損程度方面，憂鬱症患者是近程與遠程記憶一樣差，但失智症患者則為近程比遠程記憶差。
4. 憂鬱症患者強調失能，失智症患者掩飾失能。
5. 受測態度方面，憂鬱症患者常不盡力，回答不知道；失智症患者會努力想正確回答，卻做不到。

老年憂鬱症是一種可治療的疾病，老年人一旦有憂鬱症狀，不論輕重，都會直接或間接影響生活品質，應及早診斷治療，以免造成無法彌補的憾事。

（採訪整理／吳皆德）

小叮嚀

老年憂鬱症與失智症的差異

老年憂鬱症	老人失智症
初始發作時間較清楚。	初始發作時間較模糊。
認知功能可能缺損，但較高皮質功能缺損（例如：失語症、失寫症等）則較少見。	不只認知功能缺損，還有較高皮質功能缺損（例如：失語症、失寫症等）。
近程與遠程記憶一樣差	近程比遠程記憶差。
記憶力受憂鬱症狀影響，在憂鬱前，記憶力正常；憂鬱時，記憶力明顯減退；憂鬱症狀消失後，記憶力又恢復正常。	記憶力減退的症狀不會突然好轉。
強調失能。問其問題，患者常不盡力回答，容易答覆這個我不會、想不起來或不知道。	掩飾失能。問其問題，失智症患者會努力想正確回答或硬擠出答案，卻做不到。

（採訪整理／吳皆德）

愈活愈快樂，打造熟齡「心」活力！

除了「養生」，上了年紀的老人家別忘了也要「養心」，讓生活更有趣味，憂鬱情緒不上身！

老年憂鬱症，猶如隱形殺手悄悄地啃食家中長輩的健康，除了家人要多多關心長輩的心理狀況外，還有哪些「養心」祕訣有助提升生活樂趣，遠離憂鬱的情緒旋渦？

動一動
遠離藍色晚年

臺北醫學大學附設醫院精神科主任蔡尚穎表示，老人家避免憂鬱症最好的方法是「用腳治療」，千萬不要成天坐著不動，而是視個人能力，盡量找機會動一動。他提出以下建議，告訴老人家如何走出家裡，增進與外界的互動：

1. 從事互動性活動

多多鼓勵家中長輩到住家附近的公園、廟宇、圖書館等公共場所走走，增加與人互動的機會，建立自己的社會網絡與支持系統。此外，「互動」不一定僅限於和人，和植物、寵物也可產生互動。

老人家不妨種一些四季順時開花的植物，可以看著植物發芽、長葉、開花，觀察生命的成長；養寵物則最好選烏龜、鸚鵡這類比人長壽的動物，以免老人家因寵物死亡而更加傷心。

當然，也可幫老人家報名社區大學教導老人上網的課程，之後可上網玩麻將、下棋，增進人際互動。

2. 把握機會出外走動

最好每天都能出門走走，並把握到外面活動的機會，延長走動時間。比方說，倒垃圾後不要馬上回家，可以趁機到處散步，多繞點路。

3. 重拾年輕時的興趣

不少老人退休後頓失生活重心、百般無聊，進而產生憂鬱情緒，蔡尚穎醫師建議，這時可以想想有哪些興趣是年輕時很想做，卻沒時間做的，趁退休後重拾興趣，不僅生活有所重心，也會因從事自己喜歡的活動而充滿朝氣。

家人能做的4種窩心事
給長輩歸屬感與安全感

想要長輩安心、快樂，家人必須給予老人家足夠的歸屬感與安全感，以下為可行作法：

1. 提供老人家危急時，可立刻連絡到的親友名單

蔡尚穎醫師表示，老人家要有歸屬感，需要心理層面感受到家人的陪伴，「不是指24小時陪在身邊，而是讓老人家知道，面臨緊急情況時，可用電話馬上連絡到哪些親友！」

2. 多陪老人家吃飯

要陪伴老人家多久比較好，當然還是看個人時間而定，建議不妨每周撥出幾個時段，全家人一起好好坐下來陪老人家吃頓飯，享受子孫環繞的家庭溫暖。

3. 運用視訊科技，解相思之情

若真的遠居外地，無法時時陪伴，運用視訊科技和老人家面對面講話，也是很好的方式，能一解老人家思念之情。

4. 讓老人家覺得用錢無虞

除了有人陪伴，蔡尚穎醫師與永和耕莘醫院家庭醫學科主治醫師許馨文提醒，還要讓老人家覺得自己金錢無虞，這也是為什麼很多老人喜歡把錢放在身上衣服的口袋裡，這樣才有安全感。

有些老人記性不好，常會忘記或誤以為錢被別人拿走，蔡尚穎醫師建議，最好在老人家頭腦清楚時，鼓勵他自己寫出錢放在哪裡，或暫時託給誰保管，金錢的數字是多少？因為是自己的筆跡，就不會認為是別人拿了他的錢。

陪伴＋藥物治療
讓心不再忘了微笑

一旦發現老人家有憂鬱症狀，必須盡快尋求專業醫師診斷，給予適當治療。有時候，老人家會堅決認為自己沒有罹患憂鬱症，拒絕就醫或不配合治療，這時候家人應該要態度委婉，透過親切說服（或舉其他長輩去身心科看診後，改善不適的例子），讓老人家自願就醫。

有些老人家排斥吃抗憂鬱藥物，蔡尚穎醫師強調，藥物只是治療憂鬱症的一個選擇，最重要的是，要找出造成老人家憂鬱的主因，能不吃藥就盡量不要吃藥。

他也提醒，診斷老人家是否罹患憂鬱症之前，必須先確定引發憂鬱的主因，例如是否有服用降血脂這類可能引起憂鬱情緒的藥物；或因糖尿病、關節炎等慢性疼痛導致鬱鬱寡歡；此外，失眠、便祕等生理機能問題也可能造成憂鬱。找出憂鬱原因後「對症治療」，才是改善憂鬱症的有效辦法。

除了接受治療外，照顧者最好能多陪伴老人家進行各種運動或戶外活動，例如太極拳、社交舞、旅遊及游泳，增加人際互動及社會參與，將豐富經驗貢獻給社區鄰里或親友，提升老人的自我價值感。

此外，老年憂鬱症患者本身若有抽菸、飲酒、長期服用鎮靜安眠藥等不良習慣，最好戒掉，因為相關醫學研究指出，這些不良的生活習慣會讓憂鬱症狀加重。

（採訪整理／吳皆德）

1分鐘，掌握老年憂鬱症症狀

老年憂鬱症如同其他年齡層出現的憂鬱症，可透過多種面貌呈現。大致來說，有以下症狀：

1. 假性憂鬱症

常覺得食慾不振、頭重、容易疲勞、睡不著、口渴、便祕等，其實是情緒低落所致，卻呈現身體不適的症狀。

2. 出現妄想

悲觀想法強烈，如「自己所做的對不起孩子」，甚至出現被害妄想，嚴重時可能企圖輕生。

3. 焦慮不安

時常坐立難安地來回踱步，不想與人交談，也無法平靜

下來。問他怎麼了，他卻說不清楚到底煩惱什麼。

4. 呈現痴呆

呈現意志力低落、判斷力遲鈍、記憶力衰退等症狀，例如：會經常結巴地說：「我不知道」、「我不會」，反應顯得遲鈍。乍看之下，與失智極為類似，但只要經過檢查測驗，就不難區分。

（採訪整理／吳皆德）

測一測長輩的憂鬱指數

為能及早發現憂鬱症並及早治療，永和耕莘醫院家庭醫學科主治醫師許馨文提供以下老人憂鬱自我量表，問卷可自行或由其他觀察者填答（此表為提醒用，非用於診斷）。

■老人憂鬱量表（GDS）

以下列舉的問題是人們對一些事物的感受。請回想在過去一星期內，是否曾有以下的感受。

評量項目	是	否
1.你基本上對自己的生活感到滿意嗎？	□	○
2.你是否已放棄了很多以往的活動和嗜好？	○	□
3.你是否覺得生活空虛？	○	□

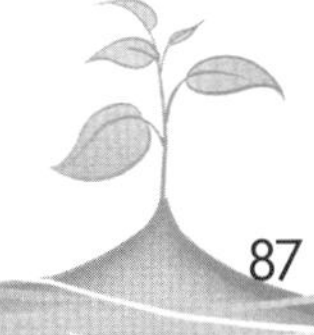

4.你是否常常感到煩悶？	○	□
5.你是否常常感到心情愉快？	□	○
6.你是否害怕將會有不好的事情發生在你身上？	○	□
7.你是否大部分時間感到快樂？	□	○
8.你是否常常感到無助？（即沒有人能幫自己）	○	□
9.你是否寧願晚上留在家，而不愛出外做些有新意的事？（譬如：和家人到一間新開張餐館吃晚飯）	○	□
10.你是否覺得你比大多數人有多些記憶的問題？	○	□
11.你認為現在活著是一件好事嗎？	□	○
12.你是否覺得自己現在一無是處？	○	□
13.你是否感到精力充足？	□	○
14.你是否覺得自己的處境無望？	○	□
15.你覺得大部分人的境況比自己好嗎？	○	□
在圈圈處「○」勾選者予以1分。 0～ 5 分：在正常範圍。 6～10分：憂鬱症狀較多，需密切注意。 ≧11分：已有憂鬱症的傾向，應及早就醫，確定診斷，盡早治療。		

（採訪整理／吳皆德）

5 大治療老年憂鬱症的方法

治療老年憂鬱症可分為心理衛生教育、心理治療、藥物治療、電擊、穿顱磁極刺激治療、及其他治療（包括照光治療、運動及音樂治療等）。

1. 心理治療

主要針對傷慟患者，運用認知行為治療，導正負面認知，以及人際關係療法，例如找親友陪伴，給予心理支持。

2. 藥物治療

老年人對藥物治療的反應，通常要比年輕人多花一點時間，年輕人約服藥4周，憂鬱症狀就會明顯改善；而老年人則要6～8周才能見效。用藥時必須考慮藥物的容忍性、安全性、副作用、藥物相互作用及禁忌。永和耕莘醫院家庭醫學科主治醫師許馨文提醒，老年人使用抗鬱病藥物時，最好從少量開始，寧可選擇副作用少、藥性緩和的藥種，避免因不舒服的副作用而中斷服藥。

3. 光照治療

特別針對秋、冬季節容易發病且合併早醒型失眠的老年人較有幫助。許馨文醫師說，增加運動可減少憂鬱症狀，建議老人要多活動。

4. 音樂治療

對老年憂鬱症病患有中等程度的療效。倘若合併嚴重的精神症狀及自殺行為，亦可考慮電擊治療。

5. 電擊、穿顱磁極治療

通常用在嚴重憂鬱症患者身上，若是老年憂鬱症狀嚴重，也會給予這項治療。

（採訪整理／吳皆德）

PART 3
用愛縫補

如果有一天，父母突然找不到回家的路，

生活上愈來愈像孩子般，漸漸無法照顧自己，

這些都是失智症的前兆。

如果嚴重到有一天，父母遺忘了我們，

為人子女該如何面對這樣殘酷的現實……

當健忘來敲門，是失智警訊嗎

父母含辛茹苦拉拔子女長大，但當他們不再像智者一樣提供我們寶貴的人生經驗，反而常一轉身就忘了東西帶了沒、飯吃了沒……甚至找不到回家的路，如同孩子般，漸漸不能照顧自己，可別以為只是老化的正常現象，這可能是失智症的前兆。

每到黃昏，陳媽媽開始躁動不安，吵著要出門「回家」。其實她就在家裡，但總覺得「家」在外頭。看到媽媽的情況，女兒小貞心疼也莫可奈何。隨著年歲增加，媽媽的失智症愈來愈嚴重，房間常擺了很多食物，有時還懷疑她放的金子被女兒「偷走」。對於過去，媽媽記得很清楚，可是今天的事忘得一乾二淨。甚至吃過中飯，還頻頻問「怎麼還不吃飯……」。

經醫師診斷，證實陳媽媽罹患了「阿茲海默症」，因而出現「退化性失智症」症狀，這病症好發於65歲以上的老人，但並非老年人的專利，臨床發現，有些患者在30、40或50歲就出現失智症狀，稱為「早發性失智症」。

健忘和失智怎麼分？

很多人把正常老化的「健忘」誤以為是病態失憶造成的「失智」，終日焦慮不安，其實兩者是有區別的。

❖ 正常老化的「健忘」

隨著年紀增長，身體的機能會老化，腦部的記憶功能也會退化，以致常忘記事物，譬如：一時想不起某位同學的姓名，或是忘了某個字怎麼寫。儘管常發生遺忘現象，但「對於事務的判斷力，還是很清楚，並不會妨礙日常生活」。

❖ 病態失憶造成的「失智」

當大腦由於疾病或不正常的衰老及退化，使智能衰退，或漸進而廣泛地影響大腦各項高級功能，醫學上統稱為「失智症」。症狀是會經常遺忘「最近發生的事情」，其記憶的喪失，會使其失去判斷力，有思考障礙，旁人難以和他溝通，他自理生活的能力也日漸退步，無法勝任過去熟悉的工作。嚴重時還可能分不清目前處於哪個時空背景。

簡單來說，「忘了手機放哪裡是健忘，但忘了手機的功能，就算失智了」。

失智警訊
轉頭就忘事，卻愛講古懷舊

國內失智症治療的權威，耕莘醫院神經醫學中心主任級醫師葉炳強，及天主教失智老人基金會執行長、耕莘醫院總院長鄧世雄提醒，失智症必須符合一些臨床症狀：

◆ 必要條件

患者一定要有記憶力的退步，尤其是長期記憶力較好，但短期記憶力變差，「也就是古早的事不會忘，剛發生的事可能就不記得。」

◆ 次要條件

除了記憶力，其他認知功能，像定向能力（方向感）、理解能力、判斷能力（不知現在所處時間是上午或下午、季節）等，只要其中一項變差，同時記憶功能退步，影響到個人工作或生活，就可說是得了失智症。目前，國內有簡易量表可測試個人是否有失智症傾向，但仍建議請神經醫學科醫師診斷。

失智不只是記性差
個性也會改變

此外，就「失智症」的3大症狀，也能明顯和正常老化的「健忘」做一區隔。

1. 認知功能喪失

記憶力變差，尤其短期記憶、方向感、理解力、判斷力等能力都減低，可能不知現在身旁的人、事、時、地。有輕度認知障礙的患者，50%會在4～5年內，成為失智症患者；也有研究指出，每年有10～15%的輕度認知障礙轉為失智症。一旦出現輕度認知障礙，不能大意，應即早篩檢、診療。

2. 出現精神行為症狀

失智會改變個性，可能對人產生懷疑、喜歡踱步，或不停的遊走。

3. 日常生活功能退步

已無法自理生活，像刷牙、穿衣、吃飯、大小便等。

葉炳強醫師表示，「輕度患者」會先出現認知功能的喪失，有些人會有精神行為症狀；「中度患者」會出現上述2種情形，同時伴隨些微日常生活功能的退步。「重度患者」則多半沒有精神行為症狀，因為此時幾乎已臥床，日常生活得仰賴家人協助。

6大失智症表現

輔導失智老人長達10多年，康泰醫療教育基金會主任王憶敏表示，不管輕度、中度或重度，失智症有幾個常見症狀，但難以分出排行，僅可列為常見表徵：

1. 躁動不安

坐不住，有時會罵人、抱怨不斷 。

2. 不停走路

端看失智患者的侷限範圍，如果被侷限在家，會不停地踱步、繞圈子；如果他在戶外，則會不停地走，甚至無法察覺自己體力已透支。

3. 重複行為

記憶力衰退，會忘記自己已買過的東西，而一再買同樣東西；或忘記已問過這問題，不斷再問，出現重複行為。

4. 黃昏症候群

失智症有個特別的症狀，病人一到日落會顯得侷促不安，特別躁動。

5. 囤積東西

患者的心理狀態可能停留在某個年齡，例如：有人遇過戰亂，食物缺乏，他特別愛藏食物；也有患者伴隨精神病，有迫害妄想症，會覺得必須藏食物否則沒東西吃。

6. 認知改變

時空認知不清，分不清楚白天、晚上，或不知身處何種季節，患者的心理時空會停留在生命的某階段。例如：患者可能已退休，卻認為自己還要上班。

（採訪整理／吳宜亭）

小叮嚀

失智症簡易心智狀態調查表（SPMSQ）幫你早一步查覺失智症

進行方式：詢問長輩下列問題並將答錯的問題記錄下來，若長輩家中沒有電話，可將4-1題改為4-2題。

錯誤請打X	問題	注意事項
	1.今天是幾號？	年、月、日都對才算正確。
	2.今天是星期幾？	星期對才算正確。
	3.這是什麼地方？	對所在地有任何的描述都算正確；說「我的家」或正確說出城鎮、醫院、機構的名稱都可接受。
	4-1.您的電話號碼是幾號？	確認號碼後證實無誤即算正確；或在會談時，能在二次間隔較長時間內重複相同的號碼即算正確。
	4-2.您住在什麼地方？	如長輩沒有電話才問此問題。
	5.您幾歲了？	年齡與出生年、月、日符合才算正確。

錯誤請打X	問題	注意事項
	6.您的出生年、月、日？	年、月、日都對才算正確。
	7.現任總統是誰？	姓氏正確即可。
	8.前任總統是誰？	姓氏正確即可。
	9.您媽媽叫什麼名字？	不需要特別證實，只需長輩說出一個與他不同的女性姓名即可。
	10.從20減3開始算，一直減3減下去。	期間如有任何錯誤或無法繼續進行，即算錯誤。

失智症評估標準

心智功能完整：錯0～2題

輕度心智功能障礙：錯3～4題

中度心智功能障礙：錯5～7題

重度心智功能障礙：錯8～10題

如長輩只有小學程度，可多錯一題；若長輩有高中以上程度，則需少錯1題。如果長輩答錯3題以上（含），請立即帶他（她）前往各大醫院神經科或精神科，做進一步的失智症檢查。以求及早發現，及早治療，減緩失智症繼續惡化！

資料提供／天主教失智老人基金會

小叮嚀

失智症簡易測量表，可看出哪些不尋常？

目前國內有2套失智症簡易測量表，其中MMSE 是較嚴謹的測量表，針對題目，耕莘醫院神經醫學中心主任級醫師葉炳強也做出說明。

Mini Mental State Examination（MMSE）

1. 請患者說出現在的時間
   年____ 月____ 日____ 星期____ 季節____
   用意：測量認知功能是否喪失或退步。
2. 請患者說出現在的所處地點
   縣市____ 區____ 路____ 樓____ 地點____
   用意：測量認知功能是否喪失或退步。
3. 請患者跟著測試者唸下列3個無關聯的名詞
   腳踏車____ 紅色____ 快樂____
   用意：紅色和快樂都是抽象名詞，試圖瞭解患者能否跟著唸，測試語言能力，同時提醒患者等會要他回想這3個名詞。

❹ 請患者從100依序減7，再減7，以此類推。

100－7=____ －7=____ －7=____ －7=____ －7=____

用意：測試計算能力，有些人納悶「為何要減7」，葉炳強醫師表示，這量表自1975年便已提出，有可能是減7，剛好會跨過「十位數」，所以才拿來測試。當然，也有簡單版，是以20－3－3來測試的。

❺ 請患者憑著記憶力，回想剛才唸過的3個名詞。

腳踏車____ 紅色____ 快樂____

用意：測試短期記憶能力。

❻ 拿一隻筆和手錶，測試患者是否認識

筆____ 錶____

用意：測試認知能力。

❼ 請患者跟著唸這「不成句子」的一句話

覆誦「白紙真正寫黑字」____

用意：測試語言能力。

8 請患者寫上面的字

書寫造字________

用意：測試語言和認知功能。

9 拿筆、錶這類日常用品，問患者是否知道物品的功能

功能為__________

用意：測試認知能力。

10 拿一張紙，要患者右手拿紙，對折一半，再用左手交給測試者

右手拿紙____ 對折一半____ 左手交還回來____

用意：測試認知能力、理解能力、執行能力。

11 請患者畫2個重疊的五角形

用意：測試患者能否聽懂測試者的指令（按步驟畫1.五角形、2.重疊），評估理解能力。

繪圖：

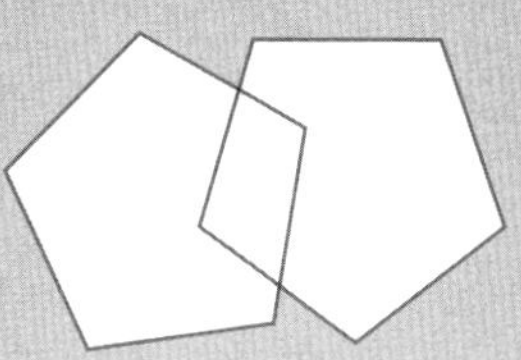

（採訪整理／吳宜亭）

如何面對長輩走入失智的異想世界

面對失智者失禁或漫遊、出現暴力行為，或性情變得冷漠等，若懂得應對之道，相信能為親屬的情緒黑洞帶來光明，照護也能更具人性且溫馨。

國內某腦神經科醫師有位90多歲的失智媽媽，為了照顧她，這位名醫和知名小兒科醫師的哥哥都提早退休、全心投入。家有失智症患者，對家庭而言是身體和心理的負擔。這位母親很幸運，不但有兒女全心照顧，以她80多歲罹患失智的年紀，也算「較晚」。

但在臺灣，能被全心全意照顧的案例並不多，不少失智家庭因兒女要上班工作，必須把失智病患送到醫療院所或安養院。失智症患者偶爾清醒時，看到家人把自己送到養護所，心理也難過。

如果想讓失智的家人待在家裡，可以隨時陪他，與他聊天，偶爾抽空帶他到戶外走走，藉以重建彼此的親密感，在與他們應對或面臨棘手突發病況時，怎麼應對才不傷感情及他的自尊心？耕莘醫院神經醫學中心主任級醫師葉炳強與康泰醫療教育基金會主任王憶敏舉下述案例說明：

狀況1 輕度失智，重複買菜

50多歲的王媽媽有輕度失智症，時常忘東忘西，出遠門常忘記帶水或加件衣服，甚至忘記已買過高麗菜而不斷上市場挑選，造成家中高麗菜堆積如山。

解套建議

照護者不妨將家中的鑰匙、眼鏡、時鐘等重要物品作清楚、簡單的標示，例如：在放置鑰匙的抽屜加註「鑰匙」並畫上「鑰匙」圖樣，目的在提醒患者，讓他清楚知道這裡是放鑰匙的地方，若患者忘記鑰匙的名稱，也能用「圖像」辨別。

家人應鼓勵王媽媽與朋友交往、聽音樂、運動，同時陪她參與失智症患者團體的活動。

狀況2 疑神疑鬼、坐立難安

70歲的陳奶奶年歲已大，加上罹患失智症，因此家中聘有外傭照顧。但她很不喜歡外傭，無時無刻懷疑她偷東西，有天還扯著外傭要她「還手鍊」……最令家人困擾的是，陳奶奶一到傍晚就坐立難安、想往外跑，吵著要回家……

解套建議

失智老人的記憶力差，經常藏東藏西，最後自己也忘記放哪，於是周遭親近的人就變成「嫌疑犯」。王憶敏主任也不時耳聞外傭被誤會的例子，甚至有些失智症患者會有妄想或被迫害的精神症狀，家人十分辛苦。針對陳奶奶的情形，建議家人幫她尋找物品，再告訴她：「外傭沒有偷東西，它一直都在某處。」

至於陳奶奶在傍晚時侷促不安、想往外跑，這是失智症患者常見的「黃昏症候群」現象，因為她的時空認知改變，所處的心理時間並非現在，可能是某個年紀，例如：陳奶奶想「回家」，因為她不認得現在的家，也許她的家是記憶裡「婚前的娘家」。

對於想出門的失智症患者，最重要是「轉移焦點」。王憶敏主任建議家人告知陳奶奶換完衣服才能出門，有些患者換完衣服，便會忘記「出門」這件事。不過，也有失敗的時候，此時就得陪他們出門，但要注意失智老人無法察覺自己體力已透支，「就算走路走到腳磨破，也不覺得累」，因此須特別注意他們的身體狀況。

狀況3 中度失智，自理能力退化

李伯伯已漸漸無法辨認好朋友或親戚的名字，有時會忘記如何完成日常的事務，像穿衣服或刷牙等，愈來愈依賴家人照顧，但家人都要上班，該如何幫他？

解套建議

1. 李伯伯的家人可將抽屜、衣櫃、房間或家中重要物品作標籤註明，同時利用「照片」標明家人、朋友和寵物。
2. 為防止李伯伯跌倒，要確定居家光線良好，裝置支撐欄杆及衛浴防滑墊。
3. 為避免李伯伯被熱水燙到，水龍頭上要標示冷、熱水。
4. 家人可逐一指導李伯伯穿衣服、褲子，和他一起刷牙、教他刷牙。

狀況4 中重度失智，性格反常

80歲的朱爺爺最近心情不好，因為照顧他的女兒工作繁忙不能常帶他出門。這天朱小姐抽出空帶爸爸出去走走，竟意外在他外衣口袋發現一把瑞士刀，嚇得她趕緊將刀收好。之後，父女倆經過警局，朱爺爺居然反手將女兒抓進局裡，抱怨「她都不讓我出門，很不聽話」，要警察把她關起來……

解套建議

當朱小姐看到瑞士刀，相當震驚，好在醫師先告知失智症會有暴力傾向，她特別注意父親身上是否有「武器」，但爸爸帶她到警局時，她仍很難過、沮喪。王憶敏主任指出，失智患者雖然大腦細胞受傷或壞死，但某些記憶區仍正常運作，所以朱爺爺會氣憤女兒沒有帶他到處「遊走」，打算要「告女兒的狀」。

有些人罹患失智症，個性轉變，加上對周遭人事物的認知產生問題，像朱爺爺帶女兒到警局，可能根本不知這是女兒，或他知道這是女兒，但認為女兒對他「很壞」。建議家屬多體諒失智患者的行為，也要不時檢查他們身上是否帶傷人的工具，提防做出傷害自己或他人的行為。

狀況5 重度失智，毫無生活能力

潘奶奶已記不得任何東西，無法辨認家人，也無法瞭解文字或語言，但她對音樂、觸摸、視覺接觸仍有反應。她雖才76歲，但因無法自己穿衣、洗澡，又大小便失禁，所以長期臥床。

解套建議

家人照顧潘奶奶時，應嘗試藉由舊照片或音樂與她溝通，很多失智老人若「偶爾清醒，會記得一些年代久遠的事」，所以可透過照片「喚起」部分記憶。

（採訪整理／吳宜宣）

小叮嚀

該對失憶的他隱瞞病情嗎？

失智症以老人最常見，家人常得費心照顧，而且患者經常認知失調，照顧者是否告訴他們病情已不是關鍵。若是65歲前的「早發性失智症」，病人通常屬於輕度失智，面對這類患者，能否告知狀況，長期接觸失智症患者的康泰醫療教育基金會主任王憶敏以她的經驗表示，「因人而異，必須視患者得病前的個性、教育程度等來決定。」

她遇過一位早發性失智症的數學老師，知道病情後非常沮喪，甚至引發憂鬱現象，後來隨著他參與失智症相關團體，從中發現自己的失智症狀不如想像嚴重，反而開懷許多。

王憶敏主任也補充，有些教育程度不高的早發性失智症患者，對自己的認知失調會產生質疑或不清楚怎麼回事，家人若以照顧者的心態照顧他們，無需說得太清楚，不要讓患者的心裡有太大負擔，「也許會過得比較輕鬆！」

（採訪整理／吳宜亭）

6個最常遇到的失智照護問題如何處理？

接觸過600多名失智個案，聖若瑟失智老人養護中心主任王寶英指出，退化性失智症是無法復原的疾病，只會隨時間持續退化，若有其他疾病導致身體不舒服，原本的行為問題都會加重，若家屬對疾病沒有認識，就會產生錯誤期待和挫折感。她分享家屬照顧時常見的6大問題與處理撇步：

1. 失智者逐漸不認得家人，如何應對？

當失智病情進入重度，退化會讓他們的認知功能大打折扣，尤其記不住近期的事，反而記得過去的零星片段。不妨多跟他談談過去，特別是愉快的經驗，有利彼此建立關係。

2. 怎麼幫失智者，對方不會認為被當小孩而反感？

俗云「返老還童」，但千萬別把失智長輩當小孩對待。雖然他們行為能力不如以往，可是仍有自己的做事模式，跟懵懂的小孩不同，太貿然介入會令他們反感，最好先詢問：是否需要幫忙？徵得同意再協助。

在疾病的不同階段，溝通方式也有所不同。對初期患者，問話可以長一點，並給他一點選擇性；對中期患者，語句要簡潔清楚，最好只讓他回答「Yes」或「No」；對重度患者，已經不是言語可表達，協助時多一點笑臉、動作別太大。

3. 失智者常發生大小便失禁，如何處理？

大小便失禁並非失智者所願，他們面對自己失禁的窘境多半很不自在。家屬處理污穢物時要多些耐心、減少責備，可協助失智者建立規律的作息，藉此改善問題，例如：讓他定時去上廁所，調整給水頻率與數量等。

4. 失智者疑神疑鬼，怎麼回應？

當失智者出現精神異常行為，應與醫師討論，藉由藥物緩解。不過，服藥難免有副作用，為了讓藥物的使用與劑量適合患者，家屬平日應記錄患者用藥反應，供醫師參考。

5. 如何跟失智者說「不」，而不會引起情緒反彈？

照顧者得抱持「彈性要夠大，想法可轉換」的態度，當他想做某事，在安全的情況，不妨順著他；若無法如他的意，除了委婉勸退，最好找替代方式轉移其注意力。

6. 怎麼面對他人異樣眼光？

仍有不少家屬擔心被人知道家中有失智症患者，除了有賴更全面的宣導，也鼓勵多參加家屬團體，會發現自己並不孤單，並從中獲得他人的寶貴經驗。

（採訪整理／張雅雯）

【尋求協助】
失智照護，安養中心怎麼選

若想讓失智家屬接受更專業的照護，安養中心是選擇之一，事前除了巧妙的為患者心理建設、緩解不安，該從何著手瞭解相關機構和服務？對於身處新環境的親人，還能怎麼妥善安排，讓他感到被愛與關心？

這天，有中重度失智症的78歲黃爺爺，又從臺北市中山北路一段的住家走到七段，心急如焚的家人四處尋覓，直到他被警察帶回，忐忑的心才得以鬆一口氣。

眼看出走的情形重複上演，家人在無力看顧下，決定先將他送進失智養護中心上「日間照顧班」，晚上再回家。不過，因他深夜頻繁起床遊走，還對著牆壁排尿……一些脫序行為讓全家無法安心入眠，折騰了一年多後，只好讓他長住養護中心。

依失智程度，考量「全日」或「日間」照護

深耕老人照護30多年的天主教失智老人基金會執行長、耕莘醫院總院長鄧世雄指出，目前針對失智症患者的照護機構分「24小時全日照護」與「日間照護服務」2類型。提供食、衣、住、行等日常生活照護，同時也設計一些活動治療項目，如：自我認識訓練、懷舊治療、記憶訓練、社交訓練、現實定向、音樂治療、藝文創作、復健運動、感官治療、社會參與活動等。

由於患者有醫療需求，這類照護機構通常有一組專業照護的醫療團隊，平時由醫師、護理人員、職能治療師、營養師、社工及牧靈人員等組成，提供專業評估、診治與照護，定期討論患者情況，為其訂定特別計畫。一旦有嚴重的醫療問題，就轉介至合作的醫療院所。

選擇要點：離家近、合法立案、理念合

中華民國老人福利推動聯盟祕書長吳玉琴指出，選擇失

智安養機構前，先確認機構是否合法立案，有的機構以合法掩護非法，如：雖然與立案證書相同的地址，樓層卻不符；或者掛了與合法機構相同的名稱，卻不在同一地點，甚至號稱是分部，均不算合法。

失智安養機構即使地址合法，人數卻超收，也不合宜。再者，不可用照顧失能者的方式去照顧失智老人。此外，機構不能有異味。

鄧世雄院長與吳玉琴祕書長皆指出，最好找住家附近，方便日後持續性的探訪。當長輩住進安養機構，家屬初期應密集探視，上午8時～晚間9時不定時探訪，以知悉機構實際服務狀況。待長者適應後，每週至少探訪2次，被安置的長者較不易產生被遺棄感。

接著詢問評鑑結果，鄧世雄院長分析，每年各縣市政府均會邀請專家學者，針對行政組織及經營管理、生活照顧及專業服務、環境設施及安全維護、權益保障、改進創新等5大部分、超過150個項目，進行實地評鑑，並給予優、甲、乙、丙、丁或不列等之考核。

民眾可洽詢「各縣市政府社會局或長期照顧管理中

心」，選擇良好機構。目前雖有公辦民營的安養機構，仍要注意其評鑑等級。

瞭解各地社會局福利
為Long stay準備

實地勘查很重要，應帶著長者實地查訪，認識機構工作人員，並詢問住民使用服務的感想，但最重要是尊重長者意願，選擇滿意的安養護機構。

如果方便，可運用長者「戶籍所在地」之縣市政府社會局提供的喘息服務資源，如：臺北市政府補助個案每年可使用14天，每天1000元的機構收容補助及定額的交通費，讓患者進行試住。如果機構有提供日間照顧服務，也可讓長者從該項服務開始接觸，替未來長住做準備。

另外，也要記得申請補助費用，天主教失智老人基金會社工主任陳俊佑表示，患者如長期使用，應向戶籍所在地的長照中心，申請機構收容安置補助，減輕長期擔負費用的壓力。

而一般財團法人機構管理的失智安養中心，因機構本身可接受外界捐款，對於經濟困難的個案，多訂有補助辦法，可向機構的社工人員洽詢。使用福利是種權力，別不好意思。

和安養機構打交道時，若發生糾紛如何處理？吳玉琴祕書長指出，養護機構收費需經主管機關核准，目前有定型化契約，上面規定得很清楚，若有糾紛，只要是合法機構，都可向社會局或消基會申訴。

5步驟
選擇照護機構

針對挑選機構，中華民國老人福利推動聯盟提供5步驟做參考：

步驟1：召開家庭會議

家人依老人的意願與需求，討論、選擇理想的照護模

式，以離家近、交通方便的機構為主，便於探視。照護費用則依家庭成員的經濟狀況平均分攤，或依能力負擔。

步驟2：蒐集資料

先蒐集電話、地址、服務項目、收費標準等機構基本資料，再向有類似經驗的親友、專業人員、相關團體或政府單位打聽。如：「內政部社會司老人福利服務網站」，可查詢「臺灣地區已立案老人安養護機構現況」及評鑑結果。或至各地衛生局、社會局及「長期照護管理示範中心」查詢。亦可向老人福利推動聯盟洽詢「照護機構輕鬆找——失能老人照護機構資源手冊」。

步驟3：初步篩選

初步蒐集好資料，可運用老人福利推動聯盟所提供的「失能老人照護機構評估表」，與老人討論理想機構須具備的要件，再依老人意願、地點、費用等，進一步篩選。

步驟4：電話訪談

篩選出一些比較理想的機構後，可打電話深入瞭解，準備第2次篩選工作。

步驟5：機構訪視

親自參觀是選擇機構最重要的工作，以便有機會觀察老人的生活品質。訪視時可要求負責人出示「開業執照」，或進一步向各縣市衛生局確認是合法機構。假使情況允許，最好邀患者一起參觀。

訪視時儘可能以「直覺」來判斷，觀察與常理不符的狀況，如：在地下室、走道上、辦公室設置床位，就是違背常理的作法。

訪視養護機構並非看一次就好，至少訪視2次，且在不同時段、未經預約的情況，如：週末、晚上或是用餐時間，服務人員通常較少，是評估照護品質的最佳時間。

訪視時若無法獲得全部資訊，就看重點，將注意力放在最在意的部分。如：不同病狀老人需要不同的照顧方式，如果機構對失智症、中風或糖尿病老人的照顧方式都一樣，表示機構品質有問題，工作人員的專業護理知識可能不足。

照護費用怎麼算

收費方面，陳俊佑以臺北市養護機構為例，多人房及單人房每月費用不同，基本費3～5萬元，另視實際需要，外加3000～4000元尿布費、最多約1500元的洗衣費，以及健保給付餘額的部分負擔約1000元以內的醫療費用。老人福利推動聯盟也針對目前常見的收費情形，歸納如下：

1. 收費標準

目前失能老人照顧機構的收費狀況分為：

■**統一價格：**此方式較無問題，可依自身能力來選擇。

■**分項收費：**根據老人的依賴程度分項目收費。老人依賴程度高，所需費用也增加。分項收費的機構雖然基本費較低，但會另收其他費用，如：需餵食、處理大小便、洗澡就加收1000～2000元，最後不一定比統一價格便宜。

2. 保證金、疾病準備金

一般照顧機構都會收「保證金」，但以不超過收費的6倍為原則。某些機構也會收「疾病準備金」，作為失能老人臨時住院時的準備費用。

3. 自費項目

家屬可請機構說明照護費用包括的項目，瞭解哪些項目需自行負擔或額外收費，如：醫療消耗器材、救護車、門診費等，是否含括在基本費內。

4. 短期離院的收、退費

家屬可向機構確認老人短期離院的處理方式，如果離院就醫是否需付費保留床位、可保留的期限等，還有短期離院回家，退還膳食費之比例等。

目前政府對於收費標準並無規範，若有業者假借政府名義，要求家屬依照收費標準來繳費，或繳交加菜金、年節加收費等額外費用，皆是政府未明文規定的範圍，可拒絕機構的要求。此外，若有任何法律問題，可洽詢各縣市社會局，或中華民國消費者文教基金會，聯絡電話（02）2700-1234或（02）2755-6037。

（採訪整理／施沛琳）

小叮嚀

失能老人照護機構評估表

檢查表		機構1		機構2	
		有	沒有	有	沒有
1	「立案證書」或是「開業執照」。				
2	合格的消防安全逃生設備，如自動灑水系統、自動緊急照明系統等。				
3	無障礙空間，例如：扶手、斜坡道等。				
4	室內、室外的環境清潔，沒有尿騷味等異味。				
5	廚房衛生、整潔。				
6	人性化的環境，布置有家的感覺。				
7	老人都有自己的衣櫃或雜物櫃。				
8	每床之間有隔離視線的遮蔽物，如床簾、屏風等。				
9	每床都設有服務呼叫鈴。				
10	浴廁設有緊急呼叫鈴。				
11	室內及室外有足夠的休閒空間。				
12	有適當的合約醫院提供醫療支援，包括急診及門診。				
13	隨時檢查失能老人的生理徵象並做紀錄。				
14	鼻胃管、導尿管、氣切管每日都有適當的護理。				
15	有必須的急救設備、換藥設備。				
16	白天及晚上照顧人員的人數符合老人的照顧需求。				

	檢查表	機構1		機構2	
		有	沒有	有	沒有
17	照護人員具備適當資格，如護理人員資格、病患服務員結業證書或居家服務員職前訓練結業證書等。				
18	有營養師、物理治療師、職能治療師或社工員提供必要之協助。				
19	照顧人員皆衣著整潔、指甲剪短清潔。				
20	外籍勞工的比例沒有超過全部照顧人員比例的一半。				
21	定期為老人安排適當的活動，像慶生會、懇親會等。				
22	老人的服裝儀容都清潔、整齊。				
23	提供個別化飲食，依據老人的咀嚼或吞嚥功能而提供不同的食物。				
24	提供個人服務，如代為寫信、打電話或購物。				
25	家屬探訪的時間及次數沒有嚴格限制。				
26	老人對於生活內容有表達的機會。				

提醒1 若參訪的機構獲得勾選項目愈多，代表照護品質愈好。使用訪視表前，可先參考上述選項，決定哪些是不可缺乏的要件，再比較2家，依勾選結果來選擇。

提醒2 第1、12、13、14、21、23項都有書面資料，參訪時可請機構提供。

提醒3 安養護機構白天約每8位老人設1名服務人員，護理之家是每5床設1名病患服務員。

資料來源／中華民國老人福利推動聯盟

【尋求協助】
善用社會資源，減輕照護壓力

面對失智症，得有長期抗戰的心理準備，若熟知相關的社會補助，多少能給予家庭經濟上的協助。

最近仁健發現70歲的媽媽上市場買菜，常找不到回家的路，拿錢給菜販，也分不清給的是千元或百元鈔。所幸媽媽是菜販的老主顧，經菜販提醒，他趕緊帶母親到醫院診斷，證實已罹患中度失智症。仁健僅是月薪5萬元的單親爸爸，除了房貸，還得負擔2個孩子的教育費，現在再加上母親的日間看護費用，無疑是雪上加霜。而他也不符合低收入戶標準，像這類失智症病患家庭，可運用哪些社會資源？

失智患者的病況通常只會越來越嚴重，最後退化到失能狀態。很多民眾不清楚失智症是符合社會補助項目的疾病。天主教失智老人基金會社工副主任王宜雯表示，只要罹病家人經專科醫師鑑定確為失智症後，不管任何經濟條件的家庭，均可辦理「身心障礙手冊」及「重大傷病卡」，以利後續申請相關社會補助。另外，失智症患者可洽詢各縣市的長期照顧中心，詢問相關福利措施。

可用資源1

社會局—身心障礙手冊

【申請流程】

1. 向醫院申請失智症的「診斷書」。
2. 備妥病人的一吋半身照片3張、身分證影本、戶籍謄本、私章。若由代理人協助辦理，代理人需備妥身分證明文件、代理委託書（需有委託人蓋章）。
3. 攜帶上述文件，至戶籍所在地鄉鎮公所或戶政中心社會科（課）辦理身心障礙手冊的鑑定，取得「鑑定手冊」。
4. 攜帶「鑑定手冊」，帶病人到指定醫院掛號，將手冊交由醫師進行鑑定證明。請注意，診斷書不同於鑑定證明。
5. 基於鑑定保密原則，醫師無須告知鑑定結果，但通常會配合告知。接著，醫師於鑑定手冊上勾選與註記建議，轉給醫院內部專屬部門核章，醫院會再將報告寄送衛生主管機關檢核，衛生主管機關通知社政單位製作身心障礙手冊，並由戶政單位發函通知申請人，告知鑑定結果。領取身心障礙手冊時，拿取身心障礙福利手冊，手冊中會詳載該戶籍地開辦的身心障礙福利項目及申請方式。

【所需時間】

約2星期，建議預留1個月。

【費用】

醫院診斷證明書約100元（各醫院收費標準略有不同）。鑑定費則由衛生主管機關核發給鑑定的醫院，民眾無須付費。

【常見問題】

1. 失智症經常被誤診為精神障礙或其他障別，有民眾取得身障手冊後，才發現障礙類別並非失智症，影響補助申請項目。王宜雯觀察，原因多出在家屬「看錯醫師科別」。失智症由「精神科」或「神經內科」醫師主治，但醫師各有專長，有人專精於精神疾病、或專攻腦中風，而失智症非肉眼能判斷，有時病患的表達可能造成醫師錯判，所以掛診時要找專精於失智症的醫師。

2. 民眾也許會有疑問，為何要跑2趟醫院，「診斷書」和「鑑定手冊」的差別在哪。其實，身障手冊是社會福利，必須先到社會科領取申請表格。社會科並非醫療專業，故須取得指定醫院的診斷證明，確定符合申請資格。鑑定則是鑑別失智症屬於輕中重度。不過，「診斷」和「鑑定」可由同一位醫師執行。

3. 初次鑑定若類別錯誤，所有流程、開銷都得重來，不會因此縮短某項流程。

4. 失智症退化速度每人不同，假使現在申請身障手冊時為輕度，3個月後退化到中度，須重新鑑定。提出重新鑑定前，先請醫師鑑定屬於特殊案例，再重跑流程。

5. 由醫師決定失智症屬於輕中重度，這關係到補助項目的申請。身障手冊的期限約「一年」，一年後必須重新鑑定。一般而言，輕度者要跑2～3次流程才會變成中度，中度要跑1～2次才會變成重度。到重度階段，之後無須再重新鑑定。

6. 根據疾病別和程度別，每個補助項目各有流程，主管單位也不同，須參照各縣市作法。像臺北市有身心障礙生活津貼、稅額減免、復康巴士等，民眾需自行找出哪一項有補助，並按照規定申請。

可用資源2

健保署—重大傷病卡

重大傷病卡的期限為「永久有效」，其主管機關為中央健保署，需向「健保署」申請，或在健保署網站下載，將申請書交由指定醫院的醫師鑑定。

【申請流程】

1. 向健保署拿一式二聯的申請書。
2. 備妥患者的身分證影本，赴指定醫院鑑定，開立30日內之診斷證明書。

3. 醫院將鑑定結果寄交中央健保署列冊。

4. 健保署寄通知給民眾通知領取，不用年年重新申請。

【所需時間】

依個人情況而定。

【費用】

鑑定費由健保署直接支付給醫院。

【常見問題】

1. 初次辦理者在門診辦理身障手冊時，可一起辦理重大傷病卡。請注意，要取得2份鑑定表，一是為了身障手冊（社政機關委託醫院鑑定），另一是為了重大傷病卡。因主管機關不同，需跑兩趟鑑定流程。

2. 若因失智症就醫或住院，可免部分負擔。

可用資源3

長期照顧管理服務

整合衛生和社會體系資源，跨局成立的長期照顧管理中心。針對身體功能缺損，或衰老而無法自我照顧的民眾，由具專業資格的照顧管理專員，針對病患、家屬的需求來設計，提供包裹式（package）的個人化服務，屬於正式而專業的補助核定。

【申請流程】（註：各縣市略有不同）

1. 由本人或家人提出申請。
2. 備妥身分證影本、疾病診斷書。
3. 至各縣市的長照中心受案窗口申請。
4. 長照中心接案後，將安排專業人員到府評估資格。
5. 符合資格者，長照中心擬定、核定各項適合的長期照護補助計畫。
6. 長照中心照會各項服務提供的單位。
7. 定期評估、追蹤、複審。

【所需時間】

約14天～1個月，視個案情況而定。

【費用】

照管專員的審核費用由政府支付，民眾毋需付錢。針對設計出來的照護補助內容，民眾若覺得不夠，可自費補足差額。

【常見問題】

照管專員針對病患及家屬提供專業服務建議，評估政府能給予的額度，有效期為「半年」，民眾在這半年內依照核定額度去使用，半年後再複評。舉例：若核定「居家服務30小時、日間照顧5天」，民眾可綜合使用，若半年後長輩病況惡化，複評時可再調整。

（採訪整理／康以玫）

PART 4 生活照顧

如何讓父母吃出健康，該注意哪些飲食原則？

家居空間應如何規畫？如何教父母正確用藥？

掌握哪些方法才能聰明就醫？

適合老人家的休閒運動有哪些？慢性病患適合哪些運動？

懂得這些生活照顧的細節，父母才活得更自在更健康。

【飲食保健】

老年人，如何聰明吃出健康？

身體器官用久了，體內抵抗自由基及修補細胞的功能會衰退；另外掌控人體生長的荷爾蒙分泌會降低，提供能量的基礎代謝率下降，都會引起老化現象。因應身體機能的改變，飲食上有必要適度調整。

臺大醫院營養師鄭千惠表示，不變的通則是每天攝取6大營養素及6大類食物，同時多樣性飲食，均衡飲食既能延緩老化，還能降低疾病發生率，彼此相輔相成，要調整的是「營養需要量及飲食習慣」。

臺北醫學大學保健營養學系名譽教授謝明哲長期研究不同生命期的營養素，他表示，中老年人的基礎代謝率會比年輕降低10%以上，熱量的需求會減少，想保持體態，要降低熱量的攝取。原來每天吃3碗飯，可減少半碗或1碗，炒菜少用1湯匙油，可減少400大卡攝取量。

若是點自助餐，菜色常讓人垂涎三尺，巴不得每樣都能嚐鮮，但熟齡族一定要謹記：聰明吃才能吃出健康。

鄭千惠營養師建議：每餐吃1碗飯，主餐只吃1種肉，雞（鴨、鵝）、豬、牛、魚任選1種，青菜要選2道，其中1道以深綠色蔬菜為主，另外1道可選擇混搭蔬菜，這樣的熱量便已足夠。

其次，隨年紀增長，胃酸及消化酵素會降低，鈣、鐵、維生素B12的吸收力也會減少，所以飯後要多吃富含維生素C的水果，像番石榴、柳丁、柑橘、葡萄柚，或服用維生素C補充品，以促進鈣、鐵、維生素B12的吸收，維持身體的營養均衡。

小撇步
解決4大飲食難題

若生理功能下降造成食慾不振或進食困難，則要改變菜色或料理方法，以補足營養。

1. 食慾不佳

食慾不佳的原因很多，可能是消化不良、情緒低落或是親友過世等造成，謝明哲教授認為要少量多餐，不要拘泥每天吃3餐，可以吃4～5餐。鄭千惠營養師建議改變吃的環境及氣氛，比如說常與家人一起用餐，使用漂亮的餐具，或是播放輕鬆的音樂，促進食慾。

2. 便祕困擾

熟齡者腸道蠕動變差，易有便祕情形，要多攝取富含纖維質的食物且多喝水，建議在白飯中加入糙米、胚芽米等一起食用；以全穀麵包、麵條取代白麵包、麵條；多吃深綠色蔬菜、菇類、瓜類及顏色繽紛的蔬果。

3. 牙齒咀嚼問題

中老年人常會有牙齒脫落、牙周病，假牙裝置不當等問題，因難以咀嚼，較不喜歡吃肉類、有纖維質的食物，卻會因此蛋白質、礦物質、維生素攝取不足，有體重下降及便祕之虞。針對牙齒不好的狀況，有人建議選擇質地柔軟的食物，或將食物切細、煮爛來吃，但蘭淑貞建議根本之道是裝上適當的假牙或植牙，讓牙齒發揮最佳功能，避免增加腸胃負擔。

4. 吞嚥困難

最常發生在65歲以上的族群，有人是退化引起，有人是肌肉力量變差，進食時，食物易卡在喉嚨，引發咳嗽，讓吞嚥反應變慢；有人則是中風、巴金氏症所引起，這是病因性的吞嚥困難，無法處理比較固體的食物，可將食物烹調成泥狀，像肉泥、蔬菜泥、蘋果泥、香蕉泥，或是淋上醬汁，以利吞嚥。

中風病人常有吞嚥困難的問題，鄭千惠營養師曾到美國老人養護中心參訪，發現透過復健，可改善吞嚥困難及避免惡化。很多家屬以為吞嚥困難的病人，要喝水、飲料或果汁以便吞嚥，其實這類食物反而更容易造成嗆咳。她建議在食物中添加食物增稠劑，像太白粉、地瓜粉、洋菜、嬰兒米粉、蓮藕粉、快凝寶，以增加食物濃稠度，可以有效地避免嗆咳。

（採訪整理／梁雲芳）

小叮嚀

健康補充品，如何補充？

熟齡族因生理機能衰退，難免有不同的身體毛病，周遭親朋好友開始推薦各式健康食品，到底該不該補充？又要怎麼補充才不會過量？臺大醫院營養師鄭千惠建議，身體狀況如屬正常，以正常飲食為主，生病時則針對病症補充。

目前的健康食品配方多為複方，補充時，一定要詳看營養標示中的分量，避免過量攝取。譬如：A保健食品裡已標示含維生素C100毫克，就不要再額外補充單方的維生素C，因為國人營養素建議攝取量中規定，成人每天維生素C攝取量為100毫克。

（採訪整理／梁雲芳）

【飲食保健】

讓銀髮寶貝吃出元氣的10個飲食原則

爸媽年齡漸長，腸胃的消化吸收功能漸漸減弱，一不小心，營養素可能就「入不敷出」！該怎麼吃，才能均衡攝取營養？

邁入銀髮熟年，老年人的活動量大不如前，代謝率也下降，需要的熱量比較少，但對於營養素的需求並未減少。因此，不能像年輕人吃得那麼多，但又得維持足夠的營養，所以在食物攝取上要多花心思。

本書請教了衛生福利部雙和醫院營養室組長莊世玟，以及臺灣基層中醫師協會理事長陳潮宗醫師，告訴大家如何針對銀髮族的身體變化，在飲食上做調整，藉此獲得充足、均衡的營養。

飲食原則1

食材豐富多元 少油少鹽少負擔

老化會造成身體機能衰退，為了避免慢性病上身，遠離心血管疾病、糖尿病及腎臟病的糾纏，飲食上最好掌握口味清淡、少油、少鹽、高纖等原則。莊世玟組長提醒，這些原則不是要銀髮族吃得簡單、乏味，相反的，一定要做到飲食均衡、種類豐富多元才行。

飲食原則2

少碰精製加工品 高纖飲食最健康

陳潮宗中醫師提醒盡量選擇粗纖維的食物，如五穀米、雜糧麵包，少碰精製加工食品，如蛋糕、餅乾等糕點，因為精製的食品多為高升糖指數的食物，會造成血糖不穩定，且缺少纖維質，易讓排便不順暢，而粗纖維的食物可刺激腸胃蠕動，增加排便量，有利體內的廢物、毒素及膽固醇排出。

飲食原則3

蔬果辛香料入菜
提升食慾更有效

胃口不佳、食慾不好是銀髮族共同問題，陳潮宗中醫師建議可在菜餚裡加山楂、烏梅或檸檬汁來入菜，或餐前先喝點烏梅汁，不但可開胃，也有養生的效果。莊世玟組長補充，很多銀髮族認為少油、少鹽，食物味道會變差，其實只要利用番茄、蘿蔔、玉米、昆布、菇類、八角來煮湯，或用蔥、薑、蒜、咖哩當佐料提味，一樣可以吃得美味又清爽。

飲食原則4

善用小技巧
餐餐好入口易消化

全穀類中的維生素B群可提高新陳代謝，纖維質能促進腸胃蠕動，對老年人而言是絕佳的食物，不過，隨著年紀增長，咀嚼吞嚥能力變差，糙米、燕麥或質地較粗的雜糧麵包反而不好入口，莊世玟組長建議可在食物裡多加點湯汁，例如把五穀飯做成燉飯，或把雜糧麵包、饅頭泡過牛奶、豆漿後再吃，就可避免咬不動或噎到等問題。

此外，把食材切小塊再烹調，也能解決老人家咀嚼不佳或消化功能不良的狀況。而油炸或烤過的食物，除了油脂較高及含有過氧化脂質之外，質地也會變硬，所以不適合老人家食用。

飲食原則5

挑選優質蛋白質
不再吃進隱形脂肪

蛋白質是建構及修補身體組織的重要元素，一定要攝取足量，才能維持生理作用，同時增加抵抗力，陳潮宗中醫師建議可從瘦肉、魚類、牛奶、豆類製品、雞蛋來補充優質蛋白質。

有些人以為蛋的膽固醇含量太高，不適合老人家食用，其實只要身體狀況良好，一天吃一顆蛋並不會造成負擔，但患有高血脂、高膽固醇的人，則以一星期2～3顆為限。

很多老年人牙齒不好，所以愛吃肥肉，但飽和脂肪正是造成心血管疾病的危險因子，為了身體的健康，還是少吃為妙。莊世玟組長表示，去皮去油才是健康吃肉的方式，如果擔心咬不動，可把瘦肉燉爛，或加點湯汁以利吞食。絞肉、肉燥、獅子頭、香腸裡也有很多看不見的隱形脂肪，若是心血管疾病的高危險群，這些食物還是少碰為妙。

深海魚含優質的不飽和脂肪酸，能維護心血管的健康，鮭魚、鮪魚都是不錯的選擇，但鱈魚外皮油脂較多，最好去皮後再食用。

飲食原則6

選擇軟質蔬果
增加纖維質攝取

天然的蔬果富含維生素A、C，是抗氧化的好幫手，不但能延緩老化，還有助防癌。不過，許多老年人因咀嚼功能不佳，對蔬果都敬而遠之。

莊世玟組長認為，蔬果的攝取種類應多元化，才能補充到不同的營養成分，因此，建議可選擇大黃瓜、絲瓜、木瓜、哈密瓜、西瓜等質地較軟的瓜類蔬果；蘋果、奇異果、水梨也可用湯匙挖出來吃，或打成汁飲用，青菜可去梗或切小塊以利咀嚼。

飲食原則7

乳製品、豆製品及小魚干
補鈣好幫手

除了基本的蛋白質、醣類、脂肪、維生素之外，還要特別注意礦物質的攝取，尤其是鈣質，對老年人的骨骼健康格外重要，建議可以從乳製品、豆製品及小魚干來攝取。不過，如果有高血脂、高膽固醇的問題，則必須盡量選擇低脂、脫脂的牛奶，或原味低脂的起司，才不會一不小心吃進一大堆油脂。

飲食原則8

每日喝水2000cc
遠離便祕與泌尿道感染

多喝水是銀髮族的養生之道，除了能提高新陳代謝、加速血液循環，也能避免便祕及減少泌尿道感染的機率，因此建議銀髮族一天的水分攝取量（連湯汁、果汁、牛奶等液體食物）最好要達到2000cc。

飲食原則9

提防高普林食物
謝絕痛風來造訪

少油、少鹽、高纖是所有慢性病患者的飲食原則，罹患糖尿病的老人則要注意三餐定時、定量，維持血糖穩定。此外，蛋白質雖對健康有益，但高普林食物卻會引起痛風或尿酸過高，代謝能力較差的老人家要特別注意。例如白帶魚、吳郭魚、吻仔魚、鯧魚、黃豆與黃豆芽，對一般銀髮族而言，只要適量攝取並不會妨礙健康，但普林代謝異常者，就要避免食用。莊世玟組長建議，有這方面問題的老人家要避免攝取全豆類，改吃豆製品，如豆漿、豆腐等，也能做到補充蛋白質及鈣質的目標。

飲食原則10

多辛溫、少苦寒 藥膳養生宜適量

很多銀髮族都會利用中藥來食補，陳潮宗中醫師建議最好以「多辛溫、少苦寒」為原則。溫性食材如人參、枸杞、紅棗、當歸能補氣與增強抵抗力，而苦寒食材如苦瓜、菊花、黃蓮等屬性較涼，會讓老人家原本就不佳的代謝變得更差，所以要避免。此外，年高體弱、腎精虧虛也是年長者較常出現的症狀，建議可用龜板膠或何首烏來補脾腎。

利用藥膳養生千萬不能貪心，要適可而止，才不會補過頭，反而造成血壓太高等症狀，例如原本精神奕奕的長者，一周食補2次就可以了，體質較差者也以一周3次為限。正確的飲食觀念，才能讓銀髮族過得健康又自在。

（採訪整理／吳佩琪）

小叮嚀

65歲以上樂齡族每日飲食指南

食物	分量	每份單位說明
奶類	1～2杯	1杯＝牛奶240cc；或發酵乳240cc；或乳酪一片（約30公克）。
蛋豆魚肉類	4份	1份＝肉或家禽或魚類1兩（約30公克）；或豆腐一塊（約100公克）；或豆漿1杯240cc；或蛋1個。
五穀根莖類	3～6碗	1碗＝飯200公克；或中型饅頭1個；或土司麵包4片。
油脂類	2～3湯匙	1湯匙油約15公克。
深綠色或深黃、紅色蔬菜	2碟	1碟＝蔬菜3兩（約100公克）。
其他蔬菜	1碟	1碟＝蔬菜3兩（約100公克）。
水果	2個	1個約中型橘子一個（100公克）；或番石榴1顆。

資料來源／衛生福利部
（採訪整理／吳佩琪）

小叮嚀

不怕慢性病
3款藥膳幫銀髮族調理體質

臺灣基層中醫師協會理事長陳潮宗醫師特別針對老年人常見疾病，推薦以下3款藥膳，讓老人家吃得健康、補得安心！

山楂荷葉茶

功效：山楂、荷葉均有軟化血管、降低血壓、血脂的作用，又有助減肥，對高血壓、高血脂、冠心病兼身體肥胖者最為適宜。

材料：生山楂50克、荷葉15克、蜂蜜50克。

作法：

1. 生山楂和荷葉二味藥一起放入鍋中，加水1000cc，用小火煎煮至300cc。
2. 去藥渣，再加入蜂蜜，倒入保溫杯中代茶飲用，每天一劑。

枸杞子粥

材料：枸杞子20克、粳米50克、白糖適量。

功效：適用於糖尿病所引起的頭暈目眩、視力減退、腰膝酸軟等。

作法：

將材料放入沙鍋內，加水500cc，用文火燒至沸騰，等粳米開花，湯變濃稠時，關火燜5分鐘即可。

養腎茶

功效：活血化瘀，適合慢性腎炎、腎功能輕度衰竭者。

材料：黃耆12克、丹參6克、山楂4克。

作法：將材料一起放入茶壺中，用沸水沖泡，每晚睡前1小時飲一劑即可。

藥膳設計／陳潮宗中醫師
（採訪整理／吳佩琪）

【防範跌倒】

7招，為父母營造抗跌無障礙的家居空間

老人不禁跌，跌倒後不僅復原緩慢，還可能因臥床養病而快速失能，想避免爸媽滑跤受傷，關鍵就在於打造安全無障礙的家居空間！

根據衛生福利部國民健康署調查，跌倒是老人意外死亡的第二大原因，全臺灣65歲以上老人跌倒比率達20.5%。老人跌倒後，輕則瘀傷，重則骨折、髖關節受損，甚至撞傷頭部而引發腦出血或中風。

此外，國泰醫院職能治療師沈明德表示，高齡者的生理復原能力較差，可能長達1、2年都不會好，而且再跌倒的機率高達四成。跌倒不僅造成身體損傷，老人家也會因長期臥床養傷，或害怕再跌倒而減少活動量，進而造成身體其他功

能喪失，失去自我照護能力，健康也可能因此急速衰退。所以，想讓爸媽擁有健康的晚年生活，預防跌倒絕對是最重要的工作之一。

要防止長輩跌倒，除了提醒老人家多做運動來增加關節靈活度與肌力，居家環境擺設，也要以無障礙空間為原則。沈明德治療師提供以下7招，破除環境中的跌倒危險因子，為爸媽營造舒適安全的養老環境。

1. 動線光源要充足

有些老人家會半夜爬起來喝水或上廁所，應在行進路線上擺設小夜燈，且位置不要擺在頭頂或天花板上，以免看不清楚遠近，而是將光源設在走道兩邊，以偏光來顯示遠近明暗的層次感，避免跌倒。

老人家的房間應儘量安排靠近廁所，或者夜間改用尿壺，或是可移動的手提馬桶，減少晚上如廁發生意外的機率。此外，家具位置不要時常更換，以免老人家忘記而依熟悉的記憶行進，結果被家具絆倒。

2. 妥善規劃家中環境

老人家最常跌倒的地點是在床邊或浴室，若無必要，最好不要有任何門檻、階梯或相差5公分以上的高低落差，走道也應保持暢通，避免障礙物引起跌倒。

3. 裝設左右滑動的門

在門的設計上（特別是浴室的門），最重要的關鍵是門不可太重，並採利用軌道左右滑動的日式拉門，若是推拉式的門，萬一老人家在房間、浴室門口跌倒了，由內部拉開的門可能不容易打開，而推式門打開時又可能會撞到人，兩種都不盡理想。

4. 在常活動的地方加裝扶手

可在老人家常活動的路徑上製作扶手或扶桿，扶手的高度應該根據老人胯骨或髖關節的高度（大約85～90公分）去製作，不宜過高或過低。浴室的洗手臺旁最好也加裝扶手，避免老人家直接扶著洗手臺，因為洗手臺不但會滑，也較禁不起重壓，若因年久失修或地震時產生裂痕，一旦施力可能垮掉碎裂，導致老人家受傷。

馬桶後面及兩側，也應安裝U型扶手，讓老人家在起立或坐下時有所支撐，以利獨立使用浴廁。

5. 浴室保持乾燥

為避免老人家滑倒，應保持浴室地板乾燥，也可購買以防水矽膠製成、椅腳貼有止滑墊、附有椅背的「洗澡椅」放在浴室裡，讓老人家安心無負擔的洗澡。此外，可在浴室、床鋪旁等老人家較易跌倒的地方設置「叫人鈴」，萬一老人家跌倒時可及時呼救。

6. 床鋪沙發不宜過軟

臥床不宜太低或太軟，以免起身時不易施力而跌倒。

沈明德治療師表示，床椅的適當高度應為老人膝窩高度，即老人坐在床邊時，膝蓋可90度彎曲。此外，最好在床旁擺放85～90公分高的櫃子或「起身器」，讓長輩可扶著下床。

沙發材質也不宜過軟，否則同樣讓老人家不易爬起。沈明德治療師說，國內有醫療器材商進口一種特製沙發，四個椅腳皆有增高器，老人家要起身時，只要調整至適當的高度，即可輕鬆站立起來。除此之外，可調整高度的油壓式氣墊椅也是相當不錯的選擇，方便老人家起身。

若要選擇適合老人的家具、輔具、日用品，可以上教育部建置的「樂齡網」上，有各式國內外廠商提供適合銀髮族使用的食衣住行育樂相關商品。

7. 擺防滑墊或貼止滑貼條

臥室下床處、浴室地板或老人常經過的路線最好擺放踏腳墊或貼上止滑條，貼的方向應與前進方向垂直，讓老人家安心在家中走動。

（採訪整理／張慧心、劉紫彤）

【防範跌倒】

做好防跌風險評估，避免意外傷害

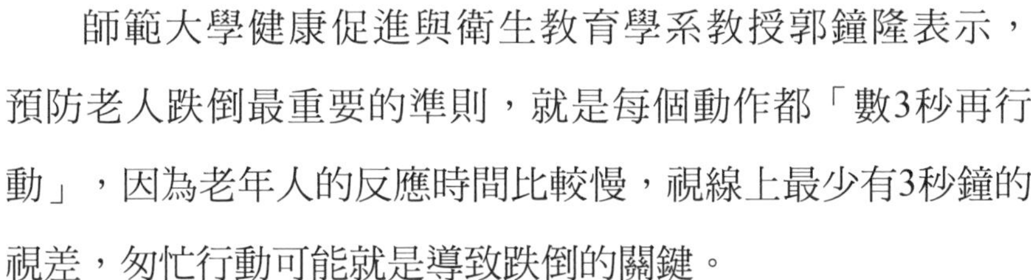

師範大學健康促進與衛生教育學系教授郭鐘隆表示，預防老人跌倒最重要的準則，就是每個動作都「數3秒再行動」，因為老年人的反應時間比較慢，視線上最少有3秒鐘的視差，匆忙行動可能就是導致跌倒的關鍵。

為讓照顧者、看護了解老人跌倒的機率有多少，郭鐘隆教授提供防跌風險評估表，做為照顧時參考的依據。

跌倒風險評估表

下列問題，若你勾選「是」的項目愈多，跌倒的可能性愈高，需要特別小心。

評估項目	是	否
1.你是否每天服用4種以上藥物？		
2.你自己或朋友們，是否察覺你最近聽力不如從前？		
3.你自己或朋友們，是否察覺你最近視力不如從前？		
4.過去6個月內，是否曾經跌倒兩次或兩次以上？		
5.你是否常穿過鬆的拖鞋或是過長的睡袍？		
6.你需費力才能拿取位置高於你頭部的物品？		
7.你需費力才能撿取地上的物品？		
8.你需費力才能進出浴缸？		
9.你需費力才能從椅子中站起或坐下？		
10.你需扶靠物品行走？		
11.你家有未被固定的小地毯？		
12.你家樓梯兩側未裝置扶手？		
13.你是否將雜物堆放在走道上？		
14.你家是否有昏暗的樓梯間？		

資料來源／《保命防跌寶典》，郭鐘隆、「保命防跌計畫團隊」編製

長輩跌倒的緊急處理

國泰醫院職能治療師沈明德指出，萬一老人家不慎跌倒，在處理上要特別注意以下幾點：

1. 觀察狀況，看其是否意識清楚、能否靠自己爬起來。
2. 若無力自行起身，別急著扶起或硬拉，以免加重傷勢，若無把握能處理得宜，可直接叫救護車送醫治療。
3. 測量血壓是否正常。
4. 若意識不清，要趕緊送醫照X光，檢查是否有骨頭斷掉或裂掉的情況。
5. 若僅是外傷瘀血，前24小時必須冰敷，24小時之後可以開始熱敷。
6. 復原期間，跌倒受傷的部位不宜施力，以免傷勢惡化。
7. 打石膏期間，建議做些簡單的「等張運動」來防止肌力退化。「等張運動」意指肌肉抵抗一定阻力時，肌肉長度發生變化，但產生的張力保持恆定，例如舉啞鈴、做伏地挺身或拉單槓等。

（採訪整理／張慧心、劉紫彤）

【注意用藥】
真「藥」命，教長輩不要亂吃藥！

老年人常患多種疾病，用藥相對複雜，一個不小心，當心治病不成反「致病」！

71歲的顧伯伯罹患多重慢性病，分別看了3位醫生，每天要服用7種以上的藥物。面對一包又一包的藥袋，他常搞不清楚用藥的先後次序與時間，甚至隨意調整藥量，結果愈吃毛病愈多……

藥品種類多＋認知退化
老人用藥問題多

隨著年齡增長，身體器官的退化和免疫力的下降，讓銀髮族在疾病與用藥上，比青壯年人複雜得多，統計顯示，臺灣65歲以上老人平均患有2種疾病，每日使用4種藥物。服用藥物種類眾多，再加上記憶、認知與身體功能退化，常使長輩未能按照醫囑正確用藥，而產生不良影響。老人常見的用藥問題包括：

1. 多重用藥

和信治癌中心醫院藥劑科姜紹青組長表示，老人常因患有多種疾病，必須使用多種藥物，或因看了不同醫師，而使藥物複雜化，再加上自行使用的非處方用藥、中草藥、保健品等，多重使用下，使藥品產生交互作用的機率大增。

2. 自行調整藥量

姜紹青組長觀察，年長的病人常未依醫囑用藥、自行調整藥量，例如自行減量或平時不吃藥，有症狀才吃。桃園縣衛生局居家訪視照護藥師徐睿賢也發現，老年病人常有「剩藥」的情形發生，代表沒有按時服藥。若病人自行調整藥量，無法達到治療效果，回診時，醫師會以為之前處方效果不佳而更改劑量，反而造成健保資源的浪費。

3. 迷信偏方

徐睿賢藥師在居家訪視的經驗中，曾遇過大量使用保健食品的老人，再加上醫師所開的處方藥，每天都要服用相當可觀的藥物和保健品。姜紹青組長則認為，許多老人會從不正常的管道取得假藥、中藥加西藥，易和目前使用的藥物產生干擾效果，引發身體不適。

（採訪整理／黃倩茹）

【注意用藥】
4 招幫助長輩正確用藥

為了守護家中長輩建康，避免造成無法彌補的傷害，和信治癌中心醫院藥劑科姜紹青組長與桃園縣衛生局居家訪視照護藥師徐睿賢建議以下4招，幫助老人正確用藥：

第 1 招 詳列用藥清單

因不同疾病、看不同醫師、領回不同的處方藥時，可能會發生藥品交互作用與重複用藥的問題。比方說，三位不同科別的醫師，針對不同的疾病症狀，可能都開了胃藥與止痛藥，以致一天服用過多劑量。

姜紹青組長和徐睿賢藥師建議，若必須看不同科、不同醫師時，最好攜帶目前正在服用的用藥清單（包含藥名、商品名、學名、服用劑量與頻率），提供醫師參考，了解目前的用藥情形，避免重複開藥，也防止藥品間交互作用產生不良反應。此外，也可請自己信任的社區藥局藥師，幫忙檢視目前的用藥是否有重複、不當的情形，在回診時請醫師參照藥師建議，調整用藥處方。

用藥小提醒

服用新處方的藥物後，一旦出現意識混亂、昏睡、虛弱、失禁、沮喪、腸胃不適、起疹子等不良症狀或反應，須盡快向醫師或藥師反應，找出可能的原因。

第 2 招 善用高齡整合門診

許多醫院開辦「高齡整合門診」或「整合照護門診」，由老年專科醫師或由各專科醫師組成醫療團隊，為銀髮族提供整合性醫療服務，一次門診就能接受多科專業醫師的共同照護，減少重複的檢查與用藥，進而提高醫療品質與用藥安全，避免因跨科、跨院看診，產生治療效果不佳、重複用藥、藥品交互作用等問題。

想知道哪些醫院有提供高齡整合門診，可至臺灣醫療改革基金會「老人藥平安」網站查詢（http://www.thrf.org.tw/elder/a_4.htm）。

第3招 以藥盒分裝

領回處方藥後，應將其存放在乾燥、陰涼處，避免藥品因潮濕或陽光高溫曝曬而變質。此外，應放置在孩童不易取得的地方，以免兒童誤食。

若服用的藥品種類太多，每次服用時都搞不清楚自己該吃什麼或吃了什麼、什麼沒吃，最好的方法就是把藥品依照醫囑，以藥盒分裝，時間到了就開啟某一格服用。

姜紹青組長表示，以藥盒分裝藥物，能清楚知道每一餐該服用的藥物為何，特別是有些藥一天吃1次、有的一天3或4次，如果沒有整合在藥盒中，很容易搞亂服藥的頻率。但他強調，即便藥物已分裝在藥盒中，藥袋絕對不可丟棄，這樣不小心打翻藥盒時，才能按照藥袋上載明的形狀、顏色、刻字來辨識藥錠，將其歸回藥盒的正確位置，確保用藥安全。此外，藥袋上所寫的注意事項，如同藥品的使用說明書，建議每次服藥前都要閱讀一次。

假如發現家中老人聽從親朋好友或地下電臺的推薦，偏好某種特定藥物或購買不明產品，要立即和醫師討論，聽從醫師的專業評估與建議，千萬不可讓長輩自行服用！

用藥小提醒

如果因多重疾病必須服用多種藥物，但每種藥物的服用時間皆不同，不知該如何安排用藥時間，徐睿賢藥師建議，可找信任的社區藥局藥師諮詢，擬定最佳服藥時程。

第 4 招 藥錠分開磨碎、現磨現服

有些老人因無法吞嚥藥錠而須磨成粉，姜紹青組長建

議，不要讓醫院或診所代為磨粉，因為醫院或診所的磨藥機很難清潔徹底，難免會混到他人的藥粉。此外，藥錠磨成粉後，接觸空氣的面積變大，變質、潮濕的機率較高；整包藥一起磨，藥品間的交互作用會提高。因此，建議服藥前再自行磨粉，且每一顆藥錠分開磨、分開吃。

用藥小提醒

徐睿賢藥師表示，不是所有藥都適合磨粉，例如舌下錠、糖衣錠、鐵劑、腸溶錠，各有其特定的作用位置，並不是把藥吞到肚子裡就能發揮作用，因此磨粉前一定要向藥師諮詢。

（採訪整理／黃倩茹）

小叮嚀

慢性病患者用藥注意事項

和信治癌中心醫院藥劑科姜紹青組長和桃園縣衛生局居家訪視照護藥師徐睿賢針對老人常見的疾病，提出以下用藥建議：

❶ 糖尿病

注意服藥時間，最好能把服藥時間與日常作息結合，最重要的是，千萬不可因忘記吃藥，而在下次服藥時吃下兩倍的劑量。

❷ 高血壓

定時服藥，服藥前量血壓，是控制血壓的不二法門。

❸ 骨質疏鬆症

若服用的骨質疏鬆症藥物是「福善美」，一周只要服藥一次即可，服藥時，一定要空腹，並搭配白開水服用，且不要和鈣片一起吃（至少間隔2小時）。服藥後，要保持上身直立30分鐘，不能躺下。

小叮嚀

居家藥師照護服務

目前各縣市政府衛生局多設有「居家藥師照護服務」，衛生局會派居家照護藥師到府訪視，提供用藥評估與諮詢，檢視藥物治療合理性，並確認飲食、保健食品與藥物間有無交互作用發生。只要符合下列條件，即可向居住地衛生局查詢、申請：

1. 持有2位以上的醫師所開立的慢性病處方箋。
2. 服用5種以上的藥品。
3. 最近一個月才剛出院帶藥回家。
4. 服藥控制疾病的效果不佳。
5. 懷疑出現藥物副作用。

民眾也可利用大醫院藥局所設的諮詢櫃臺，或向社區藥局藥師詢問用藥相關問題，確保用藥安全。

（採訪整理／黃倩茹）

【就醫看病】

透視長輩的小疼痛 不讓小痛變大病

家中長輩常把止痛藥往嘴巴裡送嗎？胸痛可能是心絞痛，但也可能是肋膜發炎或胃食道逆流。別忽略小疼痛代表的警訊，讓健康更有保障！

曾經有病人因持續性心跳很快，被誤診為心臟病，後來發現其實是焦慮症候群；也曾有病人因長期肩痛去看骨科醫師，而被換了人工肩，最後才知是末期肺癌。

臺大醫院家醫部社區照護科主任李龍騰透露上述兩個病例，此現象與國內家庭醫學推廣不夠普及有關，病人常會有看錯病的情況，因而付出不小的代價。

對於身體有病痛的長者來說，若能在看診前先進行自我檢視，到了家醫科門診和醫師對話時，就能很清楚告知哪裡不舒服、哪裡痛；接著經由相關檢查確定是什麼問題，再轉診至相關科，就不易出現誤診情形。

李龍騰醫師以「疼痛」為例，分析各種疼痛背後潛藏的疾病。同時提醒，若家中長輩感覺身體不適，家屬應先協助記錄是什麼「部位」疼痛，譬如：

1. **痛在哪裡。**
2. **痛的「程度」：**從0分至10分，大約痛在幾分。
3. **痛的「時間」：**是白天、或晚上、或深夜、或清晨……。
4. **痛的「頻率」：**多久發作一次。
5. **做什麼樣的動作會更痛或比較不痛：**如伸展時、或工作、或休息時較不痛。

以下將就長輩常見的疼痛，進一步分析可能是哪些疾病所致。

早晨的不速之客——關節痛

以關節炎為例，早晨起床時感到僵硬，可能是「類風濕性關節炎」或「骨關節炎」，但類風濕性關節炎是愈動愈痛，骨關節炎是伸展開來不會痛，休息時又痛。不同的痛，其病症也有差異。

國人七成的困擾——頭痛

若是頭痛，要注意痛在哪一邊，太陽穴、後腦杓、頸、眼窩深處或鼻樑深處；痛會不會痛到眼睛模糊、走路不穩、想吐、真的吐、打噴嚏、流眼淚或有耳朵相關症狀；其次，是否因頭痛用過什麼藥。

再者，再由頭皮往內分，觀察頭痛的情況：

1. 頭皮表面感到疼痛，可能是「皮膚、毛囊炎或蜂窩組織炎」所致。
2. 頭皮內的肌肉感到疼痛，可能是「肌膜發炎或緊張」。
3. 若感覺顱內血管與神經抽痛，可能是「血管性問題」，假如「軟組織發炎」，還可能會吐。
4. 若是「腦部神經性放電」，會癲癇、抽筋。

頭痛若搭配其他症狀如流淚，可能是「青光眼」；假使又發燒，可能是「登革熱、腦炎」。此外，「中風」往往由頭痛開始，平時即要服用降血壓藥。

心窩像火燒——胸痛

李龍騰醫師指出，若胸腔痛，可能是以下幾種情形：

在表皮上看得見紅疹，應該是「皮膚發炎」。

若痛1、2周後才出現疹子，痛的感覺又像電燒，可能是「帶狀疱疹」。

如果是胸腔肌肉痛，外表比較難診斷，此時要看患者有無「肌肉拉傷或挫傷」的情況。

胸腔裡「心血管梗塞」，其痛的情形是莫名其妙的胸痛，悶悶緊緊又像針扎，但說不出確定的特性。

心臟疾病的「心絞痛」，是心血管收縮又放開之故，痛的感覺是突然悶悶地，像被壓的感覺，3、5分鐘後又好了。不過，若持續痛，就有可能是「心肌梗塞」。

若是胸腔發炎，最常見的兩種情況，一是肋膜發炎，一是肋膜積水，一般是呼吸時會痛。若咳嗽時痛，可能是「肺炎」。

若「胃酸逆流到食道」，也會有上部胸痛之感，像咳嗽似的癢狀；食道的中段像心絞痛，悶悶的；下段則有心窩燒燒的痛苦。

腹部不停翻攪——胃腸痛

胃腸部位疼痛，可能是以下幾種情形：

1. 腹部表面燒痛，可能是「皮膚發炎」。
2. 假使是肌肉層的痛，譬如慢跑時右上腹痛，乃是「血流不及、缺氧」而腹肌痛。
3. 若彎腰時不痛，愈往後仰愈痛，愈碰肚子愈痛，且有脹脹的感覺，極可能是「腹膜炎」。

內臟部位疼痛，則可用以下情況辨別：

1. 一般而言，肝病不會痛，而腎臟病也不會痛，但敲擊腎臟會痛。
2. 「胰臟炎」是弓著身不會痛，但躺平或拉扯時會痛。

3.「大腸抽筋」會產生震動感的痛，隔幾分鐘緩慢痛，但放鬆就不痛，有時會搭配拉肚子或便祕。

4. 胃抽筋且痛得想吐，有可能是「胃痙攣」。

5. 脹尿時膀胱會痛，可能是「膀胱發炎」。

李龍騰醫師強調，身體上有病痛，並非靠自我檢視就能知道哪裡出問題，應立即就醫檢查。提供各種部位痛感主要是讓患者警覺，不舒服或痛可能是某些疾病的徵兆，希望病患就醫時，能更準確地向醫師形容痛的感覺與程度。

此外，就醫前可先記錄與整理最近生活或飲食上有哪些變化，並將最近做過的健康檢查資料或固定服用的藥物準備好，讓醫師明瞭，才能在最短時間內初步判斷疾病內容，再進一步安排相關檢查。

（採訪整理／施沛琳）

【就醫看病】

如何聽懂醫生說的話

病人雖然想多瞭解自己的病情，但有些醫生看診量太大，沒太多時間細細解釋，因而有問才答，或確診前因狀況不明朗，不肯透露太多訊息，心急的病患是否有其它方式瞭解醫生的想法？

臺北市立萬芳醫院一般外科主任謝茂志覺得，語言還是最直接的溝通，如果去揣摩醫生的眼神、表情或肢體動作，反而容易猜錯，徒增困擾。很多醫生在開刀或詳細檢查報告出來前，不會把結論清楚的告訴病患，這時也許能從語氣裡聽出一點端倪。

當醫生說……	可能的意思是……
你的情況需要切片，等結果出來我們再來想下一步。	可能是惡性腫瘤，你要有心理準備。
需要切片，不過先不用太擔心。	良性的機率很高，切片只是進一步確認。
其它方面我聽你的，但醫療你要聽我的，我不會害你。	你一直質疑我的診斷與處置，我感到不被信任，到底我是醫生還是你是醫生？
這方面可能不是我的專長。	看錯科了，請你轉診吧。
你的情況是這樣，今天我先這樣處理，到目前為止還有沒有問題？	你的話題扯遠了，後面還有很多病人在等，請不要占用別人的時間。

（採訪整理／施沛琳）

【運動休閒】

為父母尋找專屬的運動處方

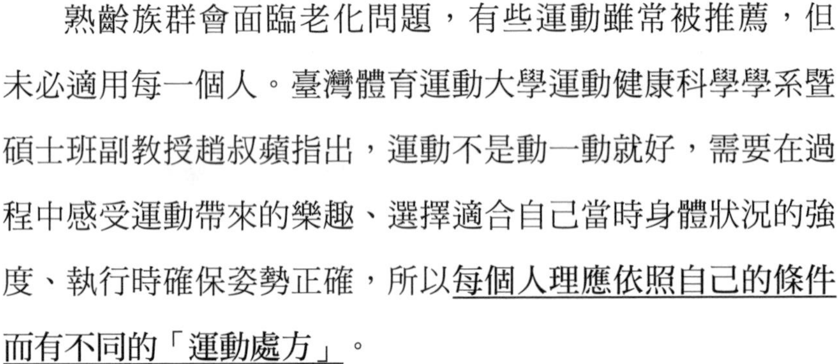

熟齡族群會面臨老化問題，有些運動雖常被推薦，但未必適用每一個人。臺灣體育運動大學運動健康科學學系暨碩士班副教授趙叔蘋指出，運動不是動一動就好，需要在過程中感受運動帶來的樂趣、選擇適合自己當時身體狀況的強度、執行時確保姿勢正確，所以每個人理應依照自己的條件而有不同的「運動處方」。

以老年人常見的退化性關節炎而言，膝蓋的支撐力不足，較適合做靜態的重量訓練，比如坐著抬腿，這種阻力訓練可訓練肌力，建立行動時的平衡感，可避免跌倒；相對來說，快走會加劇關節磨損，雖然廣被推薦，但不適合關節退化者。

游泳也常被視為老少咸宜的運動，尤其對於不適合慢跑或快走的人，游泳的負擔似乎較小，不過，趙叔蘋不建議較年長或筋骨受傷的人費力去游蛙式、自由式，而是運用水的浮力做相關的運動設計，這就需要專人量身提供適當之處方及活動建議。

（採訪整理／張雅雯）

【運動休閒】

5大適合熟齡族增加身體靈活度的運動

國泰醫院復健科組長簡文仁建議，熟齡族宜採漸進量力原則，做廣泛性、綜合性的多肌肉群運動。例如：

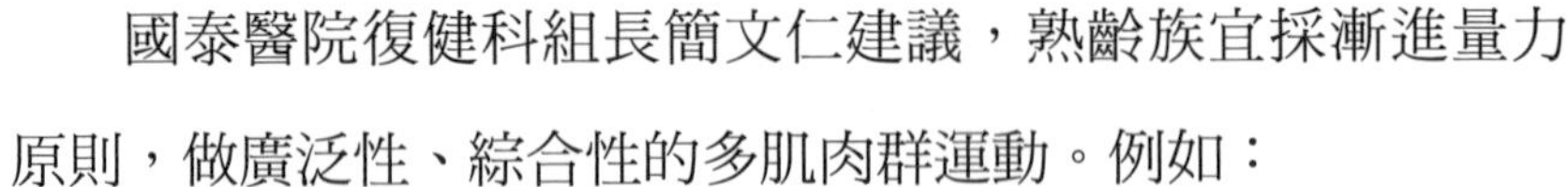

1. 快走。
2. 平地騎單車。
3. 水中走路。
4. 土風舞。
5. 避免下蹲動作的高位太極拳。

「最好的運動是快走」，至於快走的速度，可用說話來測試，要快到邊走路邊講話會有點喘，例如只能講「我很喘」3個字的程度；若邊走還能與人邊聊天，就不算快走。

此外，熟齡族、銀髮族是骨質疏鬆的高危險群，有些運動不適合，最好避免。

1. **避免衝撞型運動：**籃球、拳擊、彈跳。
2. **避免易過度增加膝蓋負擔的運動：**山坡騎車、下蹲太低的太極拳與跑步。
3. **避免局部、單一使用到腹肌、二頭肌的運動：**舉重。

（採訪整理／施沛琳）

【運動休閒】

父母有慢性病，可以做哪些運動？

明知運動對健康是個好習慣，可是，膝蓋有些退化的熟齡族，或有高血壓、糖尿病等慢性病的人，常怕運動增加關節負擔，或擔憂心肺功能負荷過重，到底哪種運動才適合上述患者？

有高血壓的文霖常為了控制血壓而傷透腦筋，醫師說：控制血壓的最好方法是運動，於是他下班後嘗試去健身房報到。

文霖除了跑跑步機外，還做舉啞鈴等鍛鍊肌肉的運動。有天在健身房，他突然滿臉通紅、呼吸困難和胸痛，教練見情況不對，馬上請他停止動作，到旁邊休息。教練對他說，「你有高血壓，要避免鍛鍊肌肉的運動，以免血壓快速升高。」文霖這才曉得自己的運動方式不對。

先瞭解心跳極限
再依體能做運動

能持續運動是很好的習慣，尤其對熟齡族、慢性病患等特殊族群，運動更有助於健康，然而，這些人靈活度不比一般人，運動時須特別小心，要視自身的體能狀況而定。另外，運動的強度也因生理情況和外在環境而異，最好透過專業的檢測、或逐量增加以瞭解體能極限。

對於身體健康、無慢性病、只是膝蓋有些退化的熟齡族，衛生福利部雙和醫院復健醫學部主任劉燦宏表示，可從事的運動與年輕人差不多，但強度有別。首先，要瞭解自己的心跳。以下將以60歲老年人為例，教導如何計算心跳極限：

1. 一般而言，人類心臟跳動的極限為每分鐘220下，先以心跳最大極限220減去年齡：**220－60=160下／分鐘**。
2. 而人的休息心跳約80～90間，將兩者相減，算出差距**160－90=70**。
3. 再衡量一半的差距：**70÷2=35**。
4. 將「休息心跳數」加上「一半的差距」：**90＋**

35=125。即算出每分鐘125次的心跳是60歲老人可接受的運動極限。

慢性病患運動要訣

而罹患高血壓、高血糖、高血脂等三高患者，及心臟病、腎臟病、關節炎、氣喘等慢性病患者，運動時要注意什麼？劉燦宏醫師與國泰醫院復健科組長簡文仁都認為，「運動對慢性病患更重要，但要注意安全性與有效性。」適宜的運動頻率是少量多次，以每天運動30分鐘而言，可分3次，每次10分鐘。不過，因疾病不同，也有其注意事項：

❖ 糖尿病

運動時要注意血糖的控制，空腹時不宜。另外，要注意足部保護，不宜跌倒或造成傷口。若血糖超過300MHG者更要注意安全，最好散步就好。再者，因游泳後容易餓，喜愛游泳的糖尿病患者要節制食量。

❖ 高血壓

冬天的清晨不宜運動；服藥或飯後，最好隔1小時再運動。

❖ 心臟病

要有足夠的暖身，避免需要閉氣的運動，例：游泳；高衝擊性運動也不宜，像高空彈跳，以免心臟病發作。

❖ 腎臟病

多數會併發三高疾病，體能更差。因此不宜競走，建議選擇溫和的運動，例：慢走或伸展體操。

❖ 關節炎、腰椎疾病

勿跑步、下樓梯與陡坡騎單車。尤其腰椎有問題者，可空手走路（走路時手不提重物），或進行一些床上拉筋等較溫和的運動。

❖ 氣喘

注意運動環境，避開太乾、太冷或有汙染與廢氣的地方。而且，避免突然激烈運動，以免誘發氣喘，建議先足夠熱身。若是嚴重患者，用藥後1～2小時再運動。

（採訪整理／施沛琳）

PART 5 看護照顧

如果父母久病臥床，照顧父母已超出自己的能力與體力的負荷，

這時尋求看護的協助，是必要思考的選擇。

適時懂得紓解照顧的壓力，與長輩溝通協調，

父母會明白，多一個好幫手，照顧會更加分！

長輩久病臥床，該不該請看護？

退休父母健康亮紅燈，自己工作繁忙又要顧小孩，請看護照顧爸媽有哪些細節該注意，才能讓父母受到好的照護？

吳媽媽看著年輕時意氣風發的老伴，如今生病躺在床上唉聲嘆氣，老說著：「活著真沒意思，不如早點死了算了！」吳媽媽心力交瘁之餘，和兒子商量能否找看護到家裡幫忙，但兒子表示反對，理由是：爸爸不喜歡家裡有外人，再說，爸爸久病後脾氣不好，到時候三天兩頭換看護，大家都心煩！吳媽媽聽兒子反對，只好把嘴巴閉上，但自己愈照顧愈無力，不知怎麼做才是對家人最好的決定？

照顧者身心壓力大，應該適時喘氣紓壓

台灣華人身心倍思特協會理事長、新店耕莘醫院精神

科醫師楊聰財表示，千萬不要因為病人只信賴某位家人或配偶，而拒絕請看護到家中幫忙。事實上，照顧病人所耗費的心神和體力超乎想像，臨床上甚至常見長期照顧病患的家屬罹患憂鬱症，所以當發生前述案例，媽媽希望聘請幫手協助看護老伴時，被照顧者及子女千萬不要一味反對，而要體諒媽媽年歲已大、體力有限，也想有屬於自己的天空及社交，偶爾要請人輪替，讓媽媽喘口氣、紓個壓。

中山醫學大學醫學社會暨社會工作學系助理教授郭慈安表示，照顧行動不便或久病臥床的老人，必須考慮人力、財力、品質、時間、空間等諸多條件，建議不妨透過家庭會議的形式，就老人及配偶、子女、親屬的意願及能力進行討論和評估，最後再決定究竟是送往機構照顧或居家看護為宜。

主雇關係要好，受照顧者心胸要開闊

數度榮獲勞委會外勞仲介評鑑A級的東南亞集團總經理陳美星也表示，**受照顧者能接受本身的現況，展開心胸接納照顧者伸出的援手，是最理想的照顧模式，**否則即便看護很想承擔照顧重責，但長輩一天到晚想趕看護出去，對雙方都會造成莫大的壓力。

國泰醫院職能治療師沈明德表示，臨床上看到很多久病者對看護常很不客氣，這也是為什麼國內看護人才短缺，且不論主雇雙方皆將此職業視為「又髒又累又無尊嚴」的工作，就算是二度就業的人，也少有人選擇看護這種工作，所以看護大多由外籍勞工或是尚未娶得居民身分的大陸配偶來充任。

為人子女應多關心，勿讓父母有被拋棄感

據沈明德多年觀察，大陸看護通常主觀較強、不易溝通，可能會依據自己的意識行事，而不聽雇主的要求。因此雇主應多觀察，了解大陸看護的基本動作及觀念是否符合要求，溝通的彈性有多少，再決定是否長期雇用。

經常擔任家屬及看護溝通橋樑的東南亞集團副總經理龔蓓君說，老人的心理比較敏感，常會因家人或看護的一些小動作，引發許多不必要的聯想，所以為人子女者應多與被

照顧者相處，傾聽其抱怨、需求和撒嬌，經常一起吃飯及出遊，避免老人家誤以為子女打算拋棄自己，而故意不理性的找看護的碴。

若已失去配偶的臥病長輩，情願和看護住在鄉下老家，不願去城市和兒媳同住，兒媳仍要經常打電話關心或返家探望，勿以為「反正看護會好好照顧」，忽略老人病後脆弱的心靈更需要呵護。陳美星也表示，再怎麼優秀的看護，畢竟只能照顧老人的生理，心理上的照護和安定還是得依靠家人。

主雇應彼此尊重，性騷擾界線劃分明

萬一過猶不及，受照顧者不論生理及心理都過分依賴看護時，有時難免引起老伴心理不是滋味，對看護吹毛求疵。曾有報章對外籍看護有負面報導，指其道德約束低、性關係隨便，甚至主動誘惑臺灣男性雇主或被照顧人，這也會造成家中女性成員的焦慮。

遇到上述情況，陳美星的建議是，除了病人，家中的女性成員也應受到較多的關心，並可設計部分照護工作，讓看護與家中女性成員共同來完成，藉此讓家中女性成員瞭解看護工作的辛苦，並鼓勵看護在照護工作閒暇時，與家中女性成員談論相關喜好的話題，以減輕對於看護的敵意，甚至化敵為友。

另外一種比較棘手的情況，則是長輩對看護性騷擾，或以金錢賄賂看護要求進行性行為。沈明德說，的確有些老人臥床多年還是會有性的需求，說不定老人也覺得自己來日無多，無須顧忌，因此可能會對外籍看護提出非分的要求。

遇到這種情形，沈明德認為，人有性需求是正常現象，但是不可以違反倫理。看護有權利拒絕受到騷擾，所以家屬不妨與受照顧者溝通，安排在特定地點和時段，讓老人觀看A片或自行處理性需求，但是看護及家人皆應離開現場，謹守互相尊重的分際。

沈明德認為，除了看護本身應知道自己服務的界線範圍，有權利拒絕不合理的要求，雇主也不能聘僱看護來照顧老人，卻要求其替全家人處理家務、照顧幼兒。

（採訪整理／劉紫彤、張慧心）

照護臥床老人 你與看護都該知道的 7 件事

照顧行動不便、長期臥床、無法自主生活的老人，除了愛心、細心與耐心，還需要具備哪些知識與技巧，才能讓照護更加得心應手？

老人家可能因中風、關節炎、失能等慢性病而行動不便，甚至長期臥床，若照護不當，不僅會產生肌肉萎縮、褥瘡、營養失衡等問題，身體各器官功能也易快速衰敗，引發新的疾病。

因此，照護者必需特別小心關注日常生活細節、具備相關照護知識與技巧。數度榮獲勞委會外勞仲介評鑑A級的東南亞集團總經理陳美星與經常到各社區授課教導居家護理的國泰醫院職能治療師沈明德，提醒照護行動不便的老人應注意下面7大重點：

1. 注意姿勢擺位

沈明德治療師表示，對行動不便的人而言，「擺位」是非常重要的。若擺放的姿勢正確，那麼肌肉的功能較不會迅速流失。反之，若姿勢擺放不正確，不但肌肉很快萎縮無力，骨質也會流失、四肢水腫，甚至還會腰痠背痛。

人的後頸部、腰椎（近尾底骨）、足踝與打直的身體間會形成凹洞，平躺時無法完全服貼於床面，因此應在上述部位下方放置軟墊或小枕頭做支撐，讓關節與床墊之間盡量不要摩擦，減輕患者產生褥瘡的機率。

相對的，一些肌肉少、骨頭多的部位如尾底骨、腳後跟、頭顱正後方，很容易因久臥在床，活動力降低或無力翻身，導致皮膚感覺遲鈍、血液循環不佳而產生「褥瘡」，讓老人的生活品質變得更差。

2. 按醫師指示，均衡飲食與服藥

準備膳食時，要考量到老人家的口味、均衡營養、容易吸收，且有足夠的水分攝取量等層面。此外，要格外注意服藥的時間、藥量、方法。醫生若有指定食物，一定要按醫生的交代，不可自行增減改變。餵飽老人家後，可替他拍背半小時，促進全身血液循環。

3. 穿舒適柔軟、色彩鮮艷的衣物

老人家穿著的服裝應該柔軟、舒適、耐洗、寬鬆等，另外選擇一些色彩鮮艷的衣物，外出時易引起別人注意，避免交通意外。將衣櫃多餘的衣服收起，要穿的衣服依照著衣順序擺好，以免長輩不知如何選擇而煩亂。在著衣時也要適時給予簡單的指示，如「把左手伸進去」。

4. 每隔兩小時幫忙翻身，避免褥瘡

每隔2小時將老人朝床的右側或左側移動，並將睡墊放在老人背部，如此，當老人想睡覺時會感覺舒服。

沈明德治療師指出，「每隔2小時要翻身一次」的要領

人人皆知，但要確實做到並不容易，建議照顧者應配合定時器，提醒自己為老人翻身，避免產生靜脈血栓，或引發二次中風。此外，合宜的擺位和移位，亦可減低褥瘡的發生、預防身體變形或肌肉攣縮，並可維持功能性關節的角度。

5. 活動關節，防止萎縮

每天至少要幫臥床老人的關節做3次被動式運動（也就是老人在家人或儀器的協助下運動），並輕巧地按摩身體；如果老人家還能步行，偶爾要陪同去公園散步，讓老人家活動肢體，這些方式都能促進血液循環暢通，對身體較好。

此外，老人中風後，手臂易沒有力量，若不多活動，手掌可能逐漸攣縮。沈明德治療師建議，除了依據患者本身的能力來運動之外，平時可將毛巾捲起放置於手掌的虎口處，將手指撐開；腳也同樣需要輔具來支撐，像是使用具有矯正作用的「垂足版」，將腳後跟的腳筋拉開，讓腳掌維持自然的垂直狀態，否則躺久之後，腳掌一旦受地心引力影響變形攣縮，就很難再站起來了。

沈明德治療師也提醒照顧者應盡量讓患者「能走就不要站，能站就不要坐，能坐就不要躺」，因為長時間臥床會造成日後坐姿不平衡、肌肉萎縮無力，即便扶坐在椅子上，也很容易傾斜倒下。

6. 維持清潔

保持生活環境舒適、乾淨，老人家自然會心境愉快，但為了避免老人皮膚乾癢，因此不宜每天洗澡，可改用擦澡的方式。

此外，老人的指甲較厚且硬（尤其是腳指甲），替老人剪指甲前，建議用溫水將指甲浸泡使其變軟，以利修剪。

萬一有大小便失禁的問題，床單、衣褲更要時常更換，避免增加褥瘡的機會。若有使用導尿管或尿袋，沈明德治療師提醒，導尿管要放的比尿道低，避免尿液回流產生感染；導尿管或尿袋也要黏貼好，以免尿液沾到旁邊的皮膚，引發泌尿系統感染。因此，在照護老人家時需要特別用心，注意細節。

7. 布置安全的居家環境

家中老人盡量安排在低樓層且較安靜的房間，常用的東西也不要放在高處。常活動的區域與浴廁地板要做好防滑措施，樓梯走道保持明亮、避免堆積東西，家具也要固定擺設。室內要注意通風及溫度調節。

若需長期臥床，最好選擇可調整高度並設有護欄的床鋪，而且床墊不可太軟。在床墊的選用上，建議患者挑選底部氣孔輪流充氣的「氣墊床」，有助於增加各部位肌肉的活動量；另外，「減壓床墊」、「矽膠床墊」以及仿造人體脂肪的材質製成的「脂肪墊」也都不錯。無論選擇何種床墊，鋪在床墊上的床單都必須保持平整，萬一床單皺摺太多，有可能淤積溼氣，導致褥瘡發生。

（採訪整理／劉榮凱、劉紫彤）

父母排斥看護照顧，怎麼辦？

國內人口迅速老化，家中有需要長期照顧老人的家庭愈來愈多，勞委會擬放寬條件，讓有80歲以上的老人家庭有機會申請外籍看護。

然而，面對一個全然陌生、甚至語言不通的外籍看護，若年邁的父母出現排斥、暴怒的情緒反應時，家人該如何幫忙協調溝通、又有哪些相處訣竅，讓看護工作起來順手，被照護的爸媽也安心？

陳爺爺因久病纏身，情緒很不好，常對看護阿惠亂發脾氣。某日陳爺爺的兒子祐威下班回家，看到父親正一邊摔東西，一邊大罵阿惠：「我受不了，又笨又聽不懂我說的話，如果你再留她，我就不想活了！」其實，阿惠任勞任怨的表現，祐威都看在眼裡，但在父親不斷的抱怨之下，祐威真的不知道該如何處理才好……

人老又生病，久病之餘，很容易因生理影響心理，導致情緒不佳，把怒氣和怨氣發洩在照顧者身上。此時若照顧者是家人，還可以同理及體諒，但如果是外聘的看護或外勞，往往照顧者、受照顧者、雇主三方人馬的身心都疲憊不堪。

鼓勵看護以正向方式與老人家互動

遇到這種狀況，數度榮獲勞委會外勞仲介評鑑A級的東南亞集團總經理陳美星都會拜託老人的家屬，適時給與看護打氣跟鼓勵，並引導看護少說「不要」、「不可以」等字詞，改以正向鼓勵方式與老人互動，改善彼此的緊張關係，試著互相接納。

舉例來說，以「爺爺，你坐著吃飯，好有精神喔！」、「阿公，你笑起來很帥耶！」取代「你不要總是躺著要人家餵你吃飯！」、「醫生說你不可以生氣、發脾氣。」此外，也可多聊聊被照顧者喜歡談論的話題，雙方不要總是沉默不語、愁顏相對。

家屬應扮演
居中協調的角色

有些長輩會鬧脾氣，有時是因為主觀強、心性高傲，不願意、不好意思或不敢開口要求看護幫忙。經常到各社區授課教導居家護理的國泰醫院職能治療師沈明德表示，看護必須一開始就要先積極了解被照護者的習慣與作息，盡量順著老人家的習慣，硬是改變反而會使老人家感到不安。

而不論是否同住一室，子女與長輩聊天時，若老人頻頻告狀看護如何惹他生氣，子女皆不宜加以附和、批評和議論，必須從旁觀察雙方的互動情況，偶爾也可藉聊天的機會，把看護的身世或故事說給長輩聽，鼓勵長輩把看護當做不可或缺的親人，做好中介的角色。

了解看護背景
互相配合體諒

據統計，目前國內將近有19萬名外籍看護（不包括保母及幫傭）進入需要照護的家庭，大多數來自東南亞地區，其生活習慣與國內一般家庭多少有些不同。陳美星建議雇主，先瞭解一下看護本國的風俗背景，以釐清某些「看不習慣」的生活方式，究竟是看護的不良行為，或是其國家的傳統民情，並站在看護的角度來看，別急著對看護的行為下判定。

如果確定某些行為已影響到家人的生活及環境，建議可透過第三者（仲介或親友）說明、張貼相關注意事項或直接解釋糾正，讓看護了解雇主家裡的生活習慣，同時讓家人與看護互相站在雙方的立場去想，進而改變其不良的生活習慣或接受該行為。

溝通再溝通
提升照護品質的法門

在提升照顧品質上，沈明德治療師表示，臨床上常發生因為看護本身的專業度不足而使長輩受傷的案例，所以看護與老人之間應培養深厚的默契，若受照顧者是重聽的老人，應該要想辦法讓溝通無障礙；若看護與受照顧者的「身形」

差距太大，也應考量是否因此看護幫老人家翻身移位或協助其下床坐輪椅時，雙方都容易受傷。

曾有一位行動不便的老人，身形十分高大，偏偏外籍看護體型瘦小，所以老人雖然知道看護具備專業知識與技能，但一方面覺得被外人照顧很不自在，也擔心看護沒有力氣把他扶好，所以在心情緊張之下，反而容易跌倒。沈明德治療師說，老人一旦不信任看護，兩者間的互動關係就很難變得良好，所以家屬最好能多幫忙溝通，或一開始就提出特殊需求，請仲介安排一位體形較壯、力氣足的看護。

沈明德治療師認為，目前臺灣的長照品質有待提升，因為本籍看護還會堅持醫師的要求，勸誘或強迫老人運動或復健；至於來臺工作的外籍看護，多半是為了改善家計而飄洋過海來工作，對於付出勞力，往往能省則省、能免則免，基本上不會做有風險的事，所以頂多只能達到不讓受照顧者受傷的程度而已，如果老人硬要耍賴、發脾氣，不肯自覺自主的配合復健或運動，身體的功能往往退化的十分快速。

但從另外一個角度來說，外籍看護每兩小時就要起床一次，幫助老人翻身、上廁所，還要為全家人煮飯、洗衣，生活品質偏低，若雇主不能以寬容的心看待他們，惡性循環的結果，倒楣的就可能是家中行動不便、難以開口表達的老人了。

沈明德治療師建議家中有病（老）人的家屬，可以閱讀一部日本漫畫《看護工向前衝》，書中除了探討日本的老年照護政策，也提供相當多照顧老人的經驗及實際案例處理方式供家屬參考。

（採訪整理／張慧心、劉紫彤）

小叮嚀

和看護、外勞相處的5大心法

數度榮獲勞委會外勞仲介評鑑A級的東南亞集團總經理陳美星表示，和看護及外勞相處看似很複雜，其實只要肯用心，加上仲介的協助，應能營造良好的勞雇關係。其重點為「3要」、「2不」共5大心法：

❶ 指示要明確

當語言不通時，應明確指示工作內容與要求的標準，必要時，雇主亦可親自示範，才不會導致彼此認知的落差。

❷ 適應過程要有耐心

每個人的學習能力與適應能力各不相同，雇主必須抱持耐心，讓看護或外勞有足夠的時間去適應工作環境。

❸ 對情緒要細心留意

要留意看護及外勞的工作表現、情緒反應、應對情形，並確實掌握相處狀態，出現異常應馬上溝通，解決困難。

❹ 不苛責

絕對不可用情緒化的言辭責罵看護及外勞，在指正錯誤時盡量以溝通代替責備，使看護及外勞願意不斷修正自己的錯誤，增強對工作的成就感。

❺ 不歧視

每個人生長環境不同，彼此認知的文化也有所差別，要以同理心對待看護及外勞，尊重彼此文化的歧異性。

（採訪整理／張慧心、劉紫彤）

懂得善用居家照護
讓生活更有好品質

邁向老年化社會的臺灣，許多家庭面臨長者照護的問題，若能充分了解並運用資源，享有在地老化、幸福的熟齡人生不再遙不可及！

高齡75歲的唐婆婆與兒媳同住，兒媳兩人都是上班族，靠雙薪養家，孫兒則在外縣市唸書。老伴過世後，身體一向不甚健康的唐婆婆，常一個人待在家中，但意外跌了一跤後，健康狀況也每況愈下。

唐婆婆因跌倒而骨折，生活起居需要有人不時的照應，家人基於孝心不願送老人家去安養機構，卻也無法負擔長期看護的費用，面對老人家突如其來的照護問題，家庭頓時陷入愁雲慘霧中……。

喘息服務讓照護者休息 持續照顧的能量

根據內政部統計，至2013年7月底為止，臺灣65歲以上的老年人口有264萬4,876人，占全國總人口數的11.32%，平均每7個青壯年就要扶養1位老人家，可說已正式邁入高齡化社會；而人口快速老化，面臨的最大問題就是長期照顧失能老人的工作。

若家中有需照護的高齡長輩，家人必須日復一日的處理老人家的生活起居、復健醫療、就醫需求、情緒安撫等問題，若沒有良好的支援系統，會對不少家庭帶來沉重的心理壓力與經濟負擔。

為了持續照顧的能量，照顧者可申請「喘息服務」，由居家服務員至家中照顧老人，或讓老人在優良合格的機構中，接受全天日常生活照顧，讓自己得以休息。

目前「喘息服務」的補助內容為：輕中度失能者，每年補助14日，重度失能者每年補助21日。每日補助照顧費以新臺幣1,000元計，可配合使用機構及居家喘息服務。

長照10年計畫
幫子女分擔照護長輩的壓力

除了喘息服務，對於有長期照顧需求的民眾，政府也推動「長期照顧十年計畫」，目前著重於「居家照護」的服務，補助並協助民眾規劃最適合的居家照護計畫。

中華民國老人福利推動聯盟祕書長吳玉琴解釋，一般的照護服務資源可分為居家式、社區式與機構式。

1. 居家式

含括了居家服務、居家復健、居家護理、送餐服務、居家喘息服務、輔具購買及住宅無障礙環境的修繕等。

2. 社區式

包含了日間照顧中心、家庭托顧、機構喘息服務等。

3. 機構式

主要為老人養護機構所提供的服務。一般「養護機構」

多針對失能老人，與針對健康老人的「安養機構」不同，且多為自費申請，目前政府的長照計畫中，僅針對中低收入戶有補助。

由於在地老化是最理想的生活方式，所以政府希望利用「居家照護」，支援一般家庭照護人力不足的問題，讓長者能與家人在熟悉的環境中，同享天倫、安養天年。

居家照護＋社區照護
善用外援，生活更有品質

以一般雙薪家庭來說，若家有需照護的高齡者，吳玉琴祕書長建議可視情況混合搭配「居家照護」與社區型的「日間照顧」與「家庭托顧」。

以上服務皆在政府長照10年計畫的補助範圍內，民眾可向「當地縣市政府長照中心」申請補助，補助的服務時數是依老人家日常生活活動功能（ADL）或工具性日常生活活動功能（IADL）評估而定；費用則是依各家庭經濟情況提供不同的補助。

1. 居家照護

就是照護服務員親自至家中服務，每周服務固定時數，除了協助老人家日常生活的飲食起居，同時也能提供陪伴與心理上的支持。

2. 社區型照護服務

是指民眾可於上班日間，將家中長輩送至「社區」的「日間照護中心」或「托顧家庭」接受照顧，下班後，再將長輩接回家照顧，以上服務多是針對輕度、中度失能的長輩居多。

懂得求助與分工
緊繃的家庭氣氛變和樂

長期透過社會資源投入居家照顧服務以及培訓照顧員的中華民國紅十字會社工處督導陳奕莉表示，居家照護可提供需要照護長者的家庭更多的選擇，藉由長照計畫的服務與費用之補助，提供所需家庭良好的照護支持系統。

讓民眾在充分協助下，可以降低照護家中長者的負擔與壓力；同時也讓長者能依期望的模式，獲得關懷、尊重與良好的照顧服務。

像住在臺中的賴阿嬤一家人，就受惠於紅十字會臺中市支會提供的居家照護服務。長期照護賴阿嬤的志工陳月碧說，罹患肝腫瘤的賴阿嬤，年紀大加上行動不便，常需就醫與照護，雖然與家人同住，但兒媳大部分時間都在工作，照護的工作也讓婆媳關係相當緊張。申請居家服務後，服務員陳月碧秉持著對待親人的態度，每天固定到家裡照顧賴阿嬤，幫她準備午餐、按摩、陪她散步聊天，日復一日的陪伴、照護，也讓賴阿嬤從排斥外人照顧，進而慢慢接受，如今在生活上、心理上都相當依賴陳月碧。有了良好的陪伴與照顧，家人間的關係也從緊繃變成和樂融融。

長照計畫有助於促進「在地老化」的幸福原則，不過，吳玉琴祕書長提醒，目前各地方縣市政府所設立的長照中心，部分僅建制居家服務體系，日間照顧等其他服務設備仍尚待規劃，專業照顧員人力不足也是一大問題，這都是現階段要再努力的目標。

挑選養護機構
訪視有技巧

在地老化是高齡化社會最理想的生活方式，以「居家照護」和「將老人送至養護機構照顧」這兩種方式來說，理想的比例應是8：2。針對獨居老人或子女無法同住的高齡長者，目前也有為數眾多的養護機構提供服務。吳玉琴祕書長呼籲，選擇養護機構時，須確認符合政府頒布的老人福利機構設置標準、擁有政府許可設立證書且懸掛合法立案標誌的機構，服務品質才有最基礎的保障。

此外，最好安排2次的訪視，且與長者同行並充分溝通，第一次訪視應著重溝通需求與觀察大致的設施及服務，第二次訪視建議安排於假日或夜間，觀察養護機構實際的人力規劃是否足夠。最重要的還是與長輩充分的溝通，要表達日後會時常探視，讓長者感受到關懷而非被遺棄的負面感受。

（採訪整理／容雨君、蔡睿縈）

小叮嚀

家有長輩要照顧
怎麼向長照中心求助？

「長期照顧10年計畫」主要服務的對象為日常生活需要他人協助的「失能者」，以日常生活活動服務為主，涵蓋服務範圍包括65歲以上的老人、55歲以上的山地原住民、50歲以上的身心障礙者及失能且獨居的老人等4大類，預訂2014年起將49歲以下領有身心障礙手冊且失能者納入服務對象。

服務包含照顧服務（居家服務、日間照顧、家庭托顧）、居家護理、社區及居家復健、輔具購買、租借及居家無障礙環境改善、營養餐飲、喘息服務、交通接送及長期照顧機構服務等8大項。

民眾若有需求可向**「各縣市政府長期照顧管理中心」提出申請，長照中心會派專業督導人員前往評估，補助標準主要依民眾之失能程度及家庭經濟狀況，核定補助額度與擬定照顧計畫的時數，評估後隨即安排合作的照顧服務單位，執行後續的評估與實際照護工作。**

（採訪整理／容雨君、蔡睿縈）

小叮嚀

「居家服務」、「日間照護中心」、「養護中心」比一比

	居家服務	日間照護中心	養護中心
服務對象	輕、中、重度失能皆可申請。	輕、中、重度失能皆可申請。	以失能、失智，需要醫護服務的老人為照顧對象。
服務內容	依據家庭照顧者需要，由受有訓練的照顧服務員到家協助家庭照顧者照顧失能者。	提供失能長者於白天到日間照顧中心接受照顧，晚上返家，接受家庭照顧。服務包括生活照顧、生活自立訓練、健康促進、健康休閒活動、提供或連結交通服務、護理服務、復健服務、備餐服務等。	長期於機構內提供照護與醫護服務。

	居家服務	日間照護中心	養護中心
長照10年補助標準	輕度失能：每月最高25小時。中度失能：每月最高50小時。重度失能：每月最高90小時。 補助費用以每小時180元計。一般戶：政府補助70%，民眾自付30%。中低收入戶：政府補助90%，民眾自付10%。低收入戶：全額補助。	輕度失能：每月最高25小時。中度失能：每月最高50小時。重度失能：每月最高90小時。 補助費用以每小時180元計。一般戶：政府補助70%，民眾自付30%。中低收入戶：政府補助90%，民眾自付10%。低收入戶：全額補助。	每人每月補助養護費從16,000元～25,000元，各縣市補助標準不一。 長照10年計畫放寬補助的對象，為社會救助法規定，最低生活費1.5倍以下重度失能者，全額補助。中度失能且經評估家庭支持情形，確有進住必要者，得專案補助。補助金額每月以18,600元計。

（採訪整理／容雨君、蔡睿縈）

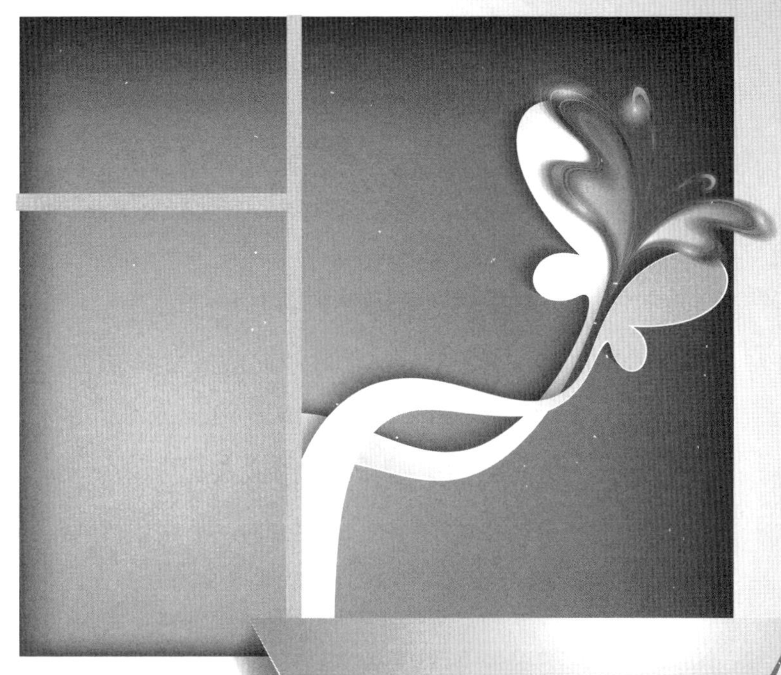

PART 6 完美熟齡

有一天你也會變老，甚至一個人面對老年生活。

但老化並不可怕，從現在開始檢視自己的身體，

儲存健康的資本，懂老防老，

正向迎接熟齡生活的到來。

12個老化指標，檢視身體老化程度

奮鬥了3年，鎮川的公司終於轉虧為盈，開心的他，抽空回老家探望親人，結果被鄰居的3歲女兒叫了一聲「阿公」。鎮川納悶自己看來有這麼老嗎？原來，才40幾歲的他頭髮早已灰白如雪。

40歲不正是一尾活龍的年紀嗎？很多熟齡族就像鎮川一樣，直到有人突然對他叫出「阿伯、阿公、阿嬤、歐巴桑」等稱謂時，才發現歲月不饒人，自己不再是活龍，腳步已漸慢。再端詳鏡中的自己，的確跟5年前、10年前的面貌不太一樣。

從人體生理機能及外表來說，20歲是黃金巔峰期；25歲以後，生理會以緩慢速度開始走下坡；約35歲時，肌肉不再緊實，可逐漸看出外表老化；到了40歲以後，雖然集智慧及經驗於一身，可是生體機能及外貌已大不如前。

臺北醫學大學保健營養學系副教授蘭淑貞表示，嚴格來說，人從出生開始，就已向衰老的目標前進，只是進入40歲以後的青壯年、中年族群，老化特徵會明顯許多。

人到了中壯年，生理、心理都和年輕時不同，也許保養得好，外表改變不大，但臺大醫院營養師鄭千惠及臺北醫學大學保健營養學系名譽教授謝明哲指出，仍有些指標可見端倪。

1. 頭髮

由烏黑轉為灰白，濃密變為稀疏，甚至有禿頭之虞。

2. 牙齒

鬆動機率大增，變得很敏感，常有痠痛問題。

3. 視力

大不如前，以前看報紙、雜誌，再小的字，不費吹灰之力都看得清楚，現在不戴老花眼鏡，根本看不清。

4. 皮膚

兩頰肌膚鬆弛，不緊實，出現細紋，且出現下垂感，手

臂、手背、臉頰不知從何時開始冒出褐色的老人斑、白斑。

5. 皺紋

額頭出現皺紋，眼睛有魚尾紋，嘴巴上部的法令紋愈來愈深。

6. 骨頭

鬆動痠痛，關節痠軟無力，重物不能提，膝蓋不能彎，爬個樓梯氣喘如牛，不再有力氣上蹲式廁所，要改坐式馬桶。

7. 體力

50、60歲的體力是一年不如一年，70歲是一季不如一季，到了80歲以上，幾乎是一天不如一天。

8. 記憶

以前記憶如神，現在忘事速度比記事快，對舊物念念不忘，新的事物則學不來。

9. 抗壓

抗壓力及適應力變差，不願面對老態，又不喜歡太多變動，寧願固守舊觀念。

10. 消化能力減弱

中年以後，胃的收縮、腸的蠕動能力降低，胰島素等消化酵素、膽汁分泌量明顯降低，不但消化蛋白質、油脂的速度變慢，身體利用醣類的能力也降低，所以血糖值易變高。

11. 基礎代謝率下降

由於肌肉量減少，體脂肪相對提高，會比年輕的自己更易胖。

12. 胃口不佳

中老年人常出現牙齒脫落、牙周病等問題，會降低吃東西的興趣，甚至會因而精神不振。

（採訪整理／梁雲芳）

怕養不起老？更要懂得投資風險！

離退休年齡不遠，卻擔心銀行的退休金不夠養老，想投資理財又擔心血本無歸？

熟齡族必懂的理財課，教你打理財富的心法，讓退休後的生活更安穩有保障！

最近的統計顯示，國人平均壽命達79歲，而老年人口數占人口比例已達10%，並持續快速成長，許多人步入40、50歲，開始盤算起老年生活，都有著「錢恐怕不夠」的憂慮，想趕快投資來賺錢，不過專家建議，40歲之後的投資應保守，尋求風險較小的方式來理財，以免連基本的老本都賠進去。

許多人把理財視為工作到達一定階段的目標，認為要累積一定的財富再來打理，理財作家劉憶如表示，不是只有買股票、買基金才叫做理財，如何分配手頭現金與儲蓄比例，也是一種理財規劃，如果總是賺多少就花多少、或是習慣預先借貸，有些人即使工作到30、40歲，仍沒有存款。

熟齡族投資前
先評估風險承擔能力

現在市面上理財書籍傳遞的觀念都是教人「有工作就可開始理財」，劉憶如指出，傳統的儲蓄固然適用於每個族群，但現在儲蓄的利率太低，加上通貨膨脹的緣故，幣值會愈來愈薄，因此多半會建議民眾透過股票、基金來幫自己賺錢，而且要及早開始，因為這類投資有賠錢的風險，而年紀較輕者，透過工作賺錢的機會較多，較有本錢承受可能的損失。

自己可承受多少風險，劉憶如提供簡單的計算方式：「100－年齡＝風險資產比例」，以40歲為例，積極投資的比例不宜超過60％，至少有40％的資產應保守規劃；隨著年紀愈大，能夠冒險的比例應愈來愈低。

投信投顧公會前祕書長、現任穩瑩顧問公司基金專業老師蕭碧燕表示，理財當然是好事，但不能讓生活變得不好過，尤其到了40歲以上的熟齡階段，若投資失敗，直接影響日後的生活品質，因此一定要謹慎選擇投資理財的方式。

定期定額投資＋儲蓄
最能分擔風險

不能等到退休了才開始想到老年生活，蕭碧燕建議，還在工作賺錢時，就預先估算自己退休後有多少錢可用，如果退休金不夠用，那麼現在薪水扣除教育費、生活費、貸款等基本支出，其餘就應儲蓄或選擇定期定額的投資方式，預先儲存。

蕭碧燕認為定期定額是最容易學的投資方法，猶如每個月繳納水電費，強迫自己儲蓄。投資最怕買在高點，若每個月都定期定額投資，最能分擔風險，也較易翻本。除了定期定額投資，還需掌握以下兩個原則，才不容易賠錢：

1. 慎選標的

以基金來說，要參考這檔基金過去表現與市場資訊，不要買那種市場上都不敢投資的；不要獨押一個國家發行的基金，盡量選區域型來分散風險。

2. 停利不停損

當利率上漲獲得報酬時要開心地賣出，在下跌的時候更要開心地以低價買進，不要因此就停扣，不過這個前提是選到正確的標的，而不是死守根本沒有表現的基金。

若預算有限
隨年紀彈性變換保險比重

許多人由於不懂股票、基金，購買保險成為很流行的理財方式，蕭碧燕指出保險很重要，但怎麼買應該斤斤計較，原則就是「保額要能負擔負債」，比如年紀較輕者、突然往生會對家庭有重大影響，這時可買保額比較高的終生壽險。

但到了熟齡階段，即使死亡，對家庭的衝擊不那麼巨大，基於養老的考量，可改買定期壽險，保費主力放在買醫療險或意外險，才能以有限的錢買到符合需要的保障。

熟齡投資人當心3大錯誤
讓自己血本無歸

熟齡族雖然累積一定的生活經驗，不過劉憶如發現他們若對理財沒下過功夫，容易犯下列投資錯誤：

1. 衝動跟風

看到新聞刊登別人買哪個股票或基金有賺錢，就盲目跟進，甚至有人直接叫別人幫他操作，之後因虧損而造成糾紛。

2. 寵壞啃老族

不少父母的退休金，會成為孩子眼中的資本，劉憶如演講時曾有婦人求助這樣的困擾，她原本規劃拿退休金買房子來收租，但孩子因求職不順，想出國進修，便遊說媽媽「投資他比較有報酬率」，這名婦人有點擔心卻又難以拒絕，劉憶如最後建議婦人仍要守穩為佳。

3. 沒有考慮投資風險

主要是不清楚購買的標的為何，比如股票型基金的報酬率變化高，不是每個人都能承受這樣的波動。

蕭碧燕也提醒，一定要了解產品的風險高、低。譬如很多人以為買債券是風險較低的投資選擇，但若買的是高配息的收益債券，其實高報酬也代表高風險，這些債券多半不是國家發行，而是一般公司發行來跟大眾借貸，很多人誤以為賺到利息就是好事，卻沒注意到隱含本金虧損的高風險。

熟齡階段才進場投資
安全性比報酬率更重要

兩位專家建議，若熟齡階段才開始起步投資，態度應保守、安全性比報酬率更重要。若打算進場投資，一定不能拿老本出來賭，而是生活費以外的閒錢；此外，投資前要多看書、找資料提升自己的投資知能，並且在進場前先做紙上操盤推演。

另一方面，蕭碧燕也提醒，儲蓄看似賺不了什麼錢，但若熟齡族可把存款的母數做大，養老也綽綽有餘。

（採訪整理／張雅雯）

想樂齡生活，現在就要開始準備

根據內政部統計，至2013年7月底為止，臺灣65歲以上的老年人口有264萬4,876人，占全國總人口數的11.32%，而80歲以上女性銀髮族將近是男性的2倍，顯示不管已婚或單身，最終都得獨自面對熟齡生活。中年起有計畫地安排，晚年更能自在地享受美好生活。

隨著國人平均壽命不斷提高，身為「三明治」一代的子女，即便已有資格免費搭公車，仍可能因「父母在，不言老」，不但不能倚老賣老，還必須當老萊子彩衣娛親！

事實上，已有愈來愈多人口專家、社會學者，不斷提醒處於50歲加減5歲的熟齡一代，不要輕視第二生涯，甚至第三生涯的規劃，除了一般人熟知的「老伴、老本、老健、老友、老趣」之外，還要進一步思索，預作準備，以便「活得久」且「活得好」，才能讓熟齡乃至老齡生活平安自在。

曾於美國加州比佛利市政府社區老人活動中心工作多年的中山醫學大學醫學社會暨社會工作學系助理教授郭慈安說，從樂觀的角度來看，老年人口迅速倍增，熟齡者已不再是社會的弱勢族群，而是影響國家極大的重要分子，所以各國政府近年紛紛擬定各種老人福利政策，我國教育部也明訂每年8月第四個周日是「祖父母節」，積極規劃終身學習的「樂齡大學」與「樂齡學習資源中心」。因此如何在邁入中年初期思考即將面對的熟齡生活，成為現代人最重要的課題。

有老伴的人幸福感較高 女性需更積極規劃老後生涯

根據行政院主計處統計，臺灣女性平均壽命比男性多6.7歲，若進一步觀察同為華人社會的中國及香港，也一樣是女性平均壽命高於男性6歲，足證：「高齡化問題就是女性問題」是相當普遍的現象。

郭慈安說，「80歲以上女性銀髮族將近是男性的2倍，而且七成以上沒有配偶」的情況，不僅只出現在臺灣或日本，而是所有高齡化社會共同面臨的問題，所以女性勢必要比男性更積極規劃個人的老後生活。

國內外社會學、心理學、精神醫學研究不約而同指出：有老伴的老人，不論在「生活品質、幸福感、壽命延長、生活支出」上的優勢，都明顯高於身邊少了另一半的人。

年輕時
就要開始找老伴

生涯規劃專家吳娟瑜認為，熟齡者應以退休（退出職場）為分界點，把整個過程當成是「進行式」，換言之，從年輕時夫妻就要互相提醒多為健康努力，同時把彼此的關係調整好一點，讓兩人老了有話可聊。

如果老來無伴，在個性上則要努力避免臺語所謂的「孤老」性格，對於別人的邀約和提議不要每次都拒絕，才不會讓人覺得「怎麼樣都說不動」，久而久之只好疏遠以對。

吳娟瑜在美國讀碩士時，班上有位60多歲的「老同學」，每隔一段時間會來旁聽1、2門課。這位單身阿嬤志不在拿碩士，而是希望花少少的錢定期成長、結交新朋友，有機會和年輕人一起吃飯聊天、看電影，還可在課堂上分享自己的人生智慧，日子過得充實而愜意。

最有意思的是，那年耶誕節後，阿嬤很高興的告訴同學，她和前夫、前夫的第二任前妻、前夫的現任妻子共度耶誕節！幾個關係有點黏又不太黏、彼此年齡相彷的老人，在親人團聚的日子相聚一堂，見證「人生真有趣」，難怪這位阿媽忍不住說：「It's wonderful life here！」

45歲起分段規劃老後生活
人生各階段皆有重心

郭慈安建議，一般人可從45歲開始規劃熟齡生活，而且所有的規劃都要有目標，也要找出每個人生階段的生活重心及生活模式（Life style），舉例而言：

45～55歲》應思考何時退休？退休之後要做何事？

55～65歲》規劃未來的居住環境，確定年老後的Life style。

65～75歲》積極參與社會活動、從事志願服務（此階段為真正可建立社會支持系統的黃金期）。

75歲以上》終老準備、自我實現（這個年齡層會越來越多元，未來的需求與服務也需要具備更大的選擇空間）。

目前教育部已在各縣市成立「樂齡學習資源中心」，加上原有的老人大學、社區大學、松年大學、老人福利中心、社區健康活動中心，還有內政部的「社區照顧關懷據點」。郭慈安提醒，只要老人願意走出來，社區裡有很多提供老人交友、學習、健身的選擇。

（採訪整理／劉紫彤、張慧心）

當個可愛老寶貝，兒孫更愛你

面對人生下半場，臺灣華人身心倍思特協會理事長、新店耕莘醫院精神科醫師楊聰財建議，將老未老的一代，一定要從下列幾個面向規劃熟齡生活，讓自己成為「可愛老寶貝」，以免問題鋪天蓋地而來時，措手不及難以應付：

1. 身心保健

隨年紀增長，病痛的機會難免提升，保健之道首重「吃好、睡好、心情好」，外加定期運動，維持身體柔軟度。即使腰痠有骨刺，也不能拿小毛病當藉口而不運動，在體力能負荷的範圍內，不妨多走多動。

此外，白天小睡也不要超過1小時，才不會日夜顛倒，睡眠作息大亂，進而影響身體機能與平衡。

2. 心理層面

到了某個年紀以後，收白帖大過收紅帖的機會，親朋好友一個個離去，難免感到孤單、憂鬱，此時，不妨多結交一些新朋友，增加學習和助人的機會，同時心理建設：「照顧好自己就是子女最大的福氣！」事實上，社交愈活躍、外在刺激愈多元，多打牌、下棋、閱讀、拼圖、學語文……，生活較有重心，思考會較正面，同時也有助於減少罹患失智症的機會。

3. 環境層面

55歲以上的男性，除了工作上的交際，應該「一兼二顧」，多認識一些能一起聊天、同樂的朋友，讓自己既能保腦防失智，又能為生活注入新元素。

總之，熟齡期應逐漸把生活重心從「工作」移往「生活」，不拘泥在過去的成就裡，以正向幽默的心態保持與社會的連結。此外，老人家非常需要年輕人的關懷，在三代同堂的家庭裡，不妨由中壯年子女主動設計三代一起進行的親子活動或家庭聚會，鼓勵老人家接觸新世代的東西，了解現代年輕人熱衷與活用的事物，除了親情與智慧的傳承，也能讓孫代有樣學樣，樂和長輩同住同行。

（採訪整理／劉紫彤、張慧心）

小叮嚀

想成為快樂老寶貝，4個特質報你知

中山醫學大學醫學社會暨社會工作學系助理教授郭慈安引用美國喬治亞大學長期研究「人瑞之人格特質」的結論，建議「老寶貝」不妨多培養下列4項有利的人格特質：

1. 培養幽默感與一笑置之的人生哲學。
2. 適應生活的不順遂。
3. 保持正向樂觀的想法。
4. 每天都要有事可做。

培養以上4項人格特質，能讓人眼界開闊，身老心不老！

（採訪整理／劉紫彤、張慧心）

小叮嚀

3分鐘，想一想自己有多少老伴？

生涯規劃專家吳娟瑜建議花個3分鐘，依下表列出生活周遭有哪些人可能成為自己的「老伴」？

人際網路	親密度佳	意氣相投	必要時願提供協助	人數
配偶或新伴侶				
親生兄弟姊妹				
兒女和孫姪輩				
過去的同事、同學				
社區的鄰居				
成長社團的學員				
宗教團體的教友				
社工員或探望志工				
其他，如：乾姐妹、養老院室友、新認識的朋友……				

註：「親密度佳」、「意氣相投」、「必要時願提供協助」等指標均採主觀認定。

評估指標

將最後一欄「人數」相加後得到一個數字

1. 如果至少有20位以上，表示您的銀髮生涯將「非常充實 」。
2. 如果至少有10 位，表示您的銀髮生涯將「相當充實」。
3. 如果只有 5位左右，那麼一定要有危機意識，因為支持網絡越薄弱，銀髮生涯「不夠充實」，日益退縮的日子也就不遠了。

（採訪整理／劉紫彤、張慧心）

編輯後記

用心關懷，給父母幸福到老！

文／葉雅馨（大家健康雜誌總編輯）

世界衛生組織定義，65歲以上人口占總人口7%以上，即稱老人國，現今臺灣65歲以上人口已占總人口11.32%，未來持續攀升。你知道這群約264萬的長者，最擔心哪些問題嗎？

據2009年內政部的老人狀況調查，顯示老年長者擔心的問題，前三名分別為「自己的健康問題」（35%）、「經濟來源問題」（17%）、「自己生病的照顧問題」（16%），由此看來，「健康」是老年長者最擔心的問題。

人一定會面臨老化的問題，不管你現在是不是老年一族，未來都會是其中一員。老年該如何過得優雅？真正享受樂齡的生活？相信只有健康的身體，才能做到。

《照顧父母，這樣做才安心》，是一本貼心關懷老年長者健康的實用好書，也適合成年每一階段的讀者閱讀。對於中年讀者，可以學到照顧高齡父母的方法，尤其遇到生活相處、健康照護、疾病就醫等問題時，本書提供不少方法供參考；老年讀者閱讀本書，也能有正面的收穫，只要用心照顧身體，延緩退化、還是能維持良好的生活品質；對年輕讀者來說，書裡像是個生命的練習題，但未來一定會遇到，提醒趁早「懂老」，儲存健康資本。

本書還有一個特色，提醒照護長者時，不只是身體上的照護，更要懂得關心他們的心理健康，如果老人家心沉沉，沒病說有病，情緒低落，甚至悲觀想法強烈，小心憂鬱症會一步步侵襲他們的心。根據董氏基金會最新的調查發現，有憂鬱情緒困擾的長者竟高達26.1%。如果以2012年人口統計，臺灣71歲以上人口約有171萬人來換算，約有44.5萬人有明顯憂鬱，需尋求專業協助。這個數據，值得為人子女注意，平時應多關心長輩，傾聽與陪伴是好方法。

文末，特別要感謝門諾醫院暨相關事業機構總執行長黃勝雄、董氏基金會心理健康促進諮詢委員朱英龍、知名歌手A-Lin為本書撰序推薦。終身義工孫越、臺灣活動發展協會理事長賴東明、羅東聖母醫院院長陳永興、臺北醫學大學副校長邱弘毅、臺北榮總高齡醫學中心主任陳亮恭給本書的肯定及列名推薦。

照顧父母，這樣做才安心：完善的熟齡照護，給父母幸福到老！

總　　編　　輯／葉雅馨
主　　　　　編／楊育浩
執　行　編　輯／蔡睿縈、林潔女
文　字　採　訪／張慧心、施沛琳、梁雲芳
潤　稿　校　對／蔡睿縈、林潔女、楊育浩
封　面　設　計／比比司設計工作室
內　頁　排　版／陳品方

出　版　發　行／財團法人董氏基金會《大家健康》雜誌
發行人暨董事長／謝孟雄
執　　行　　長／姚思遠

地　　　　　址／臺北市復興北路57號12樓之3
服　務　電　話／02-27766133#252
傳　真　電　話／02-27522455、02-27513606
大家健康雜誌網址／www.jtf.org.tw/health
大家健康雜誌部落格／jtfhealth.pixnet.net/blog
大家健康雜誌粉絲團／www.facebook.com/happyhealth

郵　政　劃　撥／07777755
戶　　　　　名／財團法人董氏基金會

總　　經　　銷／聯合發行股份有限公司
電　　　　　話／02-29178022#122
傳　　　　　真／02-29157212

法律顧問／眾勤國際法律事務所
印刷製版／沈氏藝術印刷
版權所有・翻印必究

出版日期／2013年11月初版
定價／新臺幣280元
本書如有缺頁、裝訂錯誤、破損請寄回更換
歡迎團體訂購，另有專案優惠，
請洽02-27766133#252

國家圖書館出版品預行編目(CIP)資料

照顧父母,這樣做才安心：完善的熟齡照護,給父母幸福到老! / 葉雅馨總編輯. -- 初版. -- 臺北市：董氏基金會<<大家健康>>雜誌, 2013.11
面；　公分. -- (健康樂活；1)
ISBN 978-986-85449-8-7(平裝)
1.老人養護 2.健康照護
544.85　　　　102019341